沙漠化為一口井

蔡適任——著

我所知的
三毛的撒哈拉

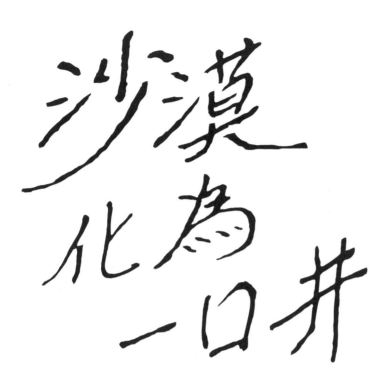

獻給我的父母，
以沙漠般廣闊的愛與寬容，
放手讓孩子飛向天際。

好評推薦

關於撒哈拉沙漠中的那場婚禮，至今歷歷在目，現場祝福之餘，對於這場浪漫的邂逅，卻又如同在摩洛哥初見羊上樹般的當下，感到新奇。因為懷抱著三毛情結，適任走入撒哈拉，毅然決然的那股傻勁與堅持，不禁令人感到肅然起敬。書中所敘的撒哈拉，儘管繞著三毛的話題，卻完完全全譜出專屬於蔡適任獨一無二的篇章。

——廖科溢／金鐘獎行腳節目最佳主持人

前年去摩洛哥，在梅如卡認識阿任，這個奇女子給我的印象，比當天的沙塵暴更難忘。她剛毅知性，絕非浪漫文青，在我看來，是三毛的反類型，但特立獨行又極像。三毛的撒哈拉，是抒情綺美的傳奇，很高興這本書以在地觀點和田野深度，重述現代的沙漠故事，而且寫得這麼生動好看。

——蔡珠兒／作家

三毛文學做為經典的價值，在於不同時空背景下，重複被人們閱讀與解釋。《沙漠化為一口井》圍繞著三毛與撒哈拉的故事而展開，卻遠遠不僅於此。藉由作者縝密地考察與記錄，讓我們得以窺見撒哈拉的全貌，以及真正理解遠行的意義。

——尤文瀚／作家

「每當我想你一次，天上便飄落一粒沙，從此形成了撒哈拉。」

多年前旅行到埃及，與貝都因人露宿在沙漠中，入夜後蒼穹佈滿繁星，銀閃閃的浩瀚宇宙令人感動到捨不得睡，我想起三毛的故事，從此無邊無界的沙漠景色在我心中總是浪漫。這本書帶我們從歷史、宗教、民俗風情等不同角度，去認識當初的西屬撒哈拉。內容深入淺出，豐富生動，用文字踏上三毛的足跡，走入當地人真實的生活，讓閱讀開啟一趟沙色的旅行。

——謎卡 Mika／作家

推薦序

一口沙漠的水井

文／眭澔平

「沙漠之所以迷人，正因為不知道她在何處藏著我們看不到的水井。」

三毛生前親口對我說過的這段話，一直反覆出現在我展讀此書時的腦海裡。這也是我十六次從不同地點進入撒哈拉旅行攝影田調紀錄，特別是其中五度去摩洛哥、兩度驅車深入西撒哈拉阿蕹（阿尤恩）的經歷，讓我對《沙漠化為一口井》這本書充滿了共鳴。彷彿在三毛過世三十年後，又在那片撒哈拉的文學沙漠裡再度發現了一口隱藏於荒涼深處的甘甜水井。

打從二〇一四年讀到由蔡適任小姐撰寫，榮獲第四屆全球華文文學星雲獎報導文學獎首獎的作品《一間雜貨鋪，在沙漠》，我就一直期待現在您手上握著的這本書的誕生。

果然，奇妙的人生際遇牽引了她的文學生命如「綠色行軍」般，經由二〇一〇年在摩洛哥人權組織的服務，與當地遊牧民族家族背景的導遊於二〇一五年相戀結婚，進而開設小民宿推動對人和對土地都甚為友善的沙漠生態旅遊，接著隨著夫家的親戚淵源關係，逐步深入了解三毛與荷西在一九七〇年代真實生活過的前西屬撒哈拉（西撒），終於有了孕育本書完整的寫作背景環境。

適任的文筆流暢、誠懇率真，最值得一提的是她在法國十二年半具備人類學田野調查的專業詳實探索查訪考據的博士學術背景，將本書三大範疇：西撒哈拉沙哈拉威人（撒拉威人）的傳統小物文化、民俗風情，以及整個歷史地理今昔狀況，精準地配合三毛生活自傳式的著作完整對照解析，成為補足了三十年來研究或欣賞三毛文學全貌的那塊重要拼圖。以我同樣在歷史和人類學求學深造的歷練來評比，適任在這本書的寫作上真是完美適任。

我非常喜歡適任對沙漠和內心描述的文采，她也在夾敘夾議和論情說理中，流露了好幾段屬於她自己細膩動人的故事，像是她想收容流浪的野驢、民宿興建時被人下巫術、南十字星墜飾等。即便她發現考據與事實不符的娃娃新娘、洗腸、沐浴、三杯茶或游擊隊首領巴西裡和沙伊達可能的虛擬，都能持平的鋪陳。

一如適任已出版的其他前作，《管他的博士學位》、《偏不叫她肚皮舞》，看得出她反骨突破和勇於創新的精神。她竟和我一樣，在循規蹈矩的讀書考試留學攻博士之餘，都發現了藝術文學音樂舞蹈領域身心靈自由創作整合的無窮魅力。後來她跳出時尚囿限於大師僵化的格局，儘管成了人類學逃兵，甚至回臺灣於社區大學開課教舞，因此受挫於網路霸凌和排擠；但我發現，這正剛好促成了她和我的生命歷程，恰恰和三毛的人生際遇「倒著走回來」。因此，當我們的生命和三毛在人世一個點匯聚在一起時，更加能夠體會感受三毛真正的內心世界。

寫在前面

回撒哈拉定居這些年來，我一直有著「三毛情結」。

二〇一〇年底，我前往摩洛哥人權組織工作，因緣際會走入撒哈拉，自此深深愛上廣袤瑰麗大漠，也認識了貝桑，我先生，一個撒哈拉土生土長的遊牧民族貝都因人。二〇一五年，我們走入婚姻，定居沙漠觀光勝地梅如卡（Merzouga），以撒哈拉深度導覽與生態旅遊維生，這樣的際遇讓我被臺灣人稱為「現代三毛」。

我相當不以為然，雖然三毛和荷西真摯不渝的愛情與其撒哈拉經驗，是我整個成長過程聽聞最美的傳奇之一，然而我所面對的撒哈拉飽受氣候變遷之苦，身邊是因長年乾旱而一窮二白的遊牧民族，是沙漠觀光與環境生態之間的衝突，偶爾還得面對荒謬淺薄的觀光客，更不用說快讓異族媳婦喘不過氣來的傳統家族包袱。

不時遇見華文世界的遊客，手中捧著一本《撒哈拉歲月》，前來尋找「三毛的撒哈拉」，帶導覽之餘，我不忘潑冷水，指出當年三毛所在之處是阿尤恩（Laâyoune，三毛譯為阿雍），可我們人在梅如卡，兩地相距一千兩百八十公里。遊客興致絲毫未減，直說：「只要能見到『三毛的撒哈拉』我就滿足了，趕快帶我去沙丘，我要跟三毛的書合照！」這讓我愈發困惑，到底什麼是「三毛的撒哈拉」？

有天，貝桑對我說，他爸媽是西撒哈拉（Sahara Occidental）來的，早年因為乾旱不解，舉家追著雲、雨及水草遷徙，終於定居梅如卡，走入觀光業，但他姊姊整個家族都住阿尤恩，問我要不要和他一塊兒去探親？

想起自己的「三毛情結」，心一橫，我決定跟他走這一遭！萬萬想不到，這一去，竟一路走到摩洛哥與茅利塔尼亞邊界的蓋爾蓋拉特（Guerguerat），爾後數度往返，慢慢摸索出三毛足跡與西撒樣貌。

壯闊瑰麗沙丘群上有一隻野生耳廓狐。

目次 Contents

貳 撒哈拉民俗風情

參

西撒今昔

重返西撒。

位於非洲北部的撒哈拉是一大片降雨量稀少的荒漠，總面積超過九百四十萬平方公里，東至紅海，西至大西洋，南部與半乾旱的薩赫爾草原（Sahel）接連，幅員遼闊，涵蓋埃及、利比亞、阿爾及利亞、摩洛哥與茅利塔尼亞等十幾個國家。由於氣候變遷，乾旱頻仍，如今的薩赫爾草原迅速沙漠化，撒哈拉日漸擴大。

七〇年代，三毛與荷西生活的撒哈拉，為其中的西撒哈拉，簡稱「西撒」。西撒這塊面積約二十六萬六千平方公里的土地上，不曾建立主權國家，但一八八六年至一九七五年間為西班牙屬地。三毛來西撒之前，已經走訪了阿爾及利亞的撒哈拉，回西班牙定居後，對沙漠的思念帶著她前往西撒。她筆下的「沙哈拉威人」，即Sahraoui，如今稱為「撒拉威人」，泛指生活在廣袤西撒上的人民，母語為哈桑尼亞語（hassaniya），皆為遊牧民族，信奉伊斯蘭，主要是阿拉伯後裔，有些是柏柏爾人。

一九七五年至今，西撒由摩洛哥實質統治，分為北部的阿尤恩－薩基亞・阿姆拉（Laâyoune-Sakia El Hamra）及南部的達赫拉－韋德・達哈卜（Dakhla-Oued Ed Dahab）兩大區域。但這塊土地至今仍有主權爭議，不但牽動著歐非地緣政治，也是美國語言學大師杭士基（Noam Chomsky）眼中「非洲最後一塊尚未獨立的殖民地」。今日仍然居住在西撒的撒拉威人約有六十萬，亦有移民至法國與西班牙等歐洲國家者。

西撒的沙

三毛在〈荒山之夜〉裡寫：「這些沙堆因為是風吹積成的，所以全都是弧形的，在外表上看去一模一樣。它們好似一群半圓的

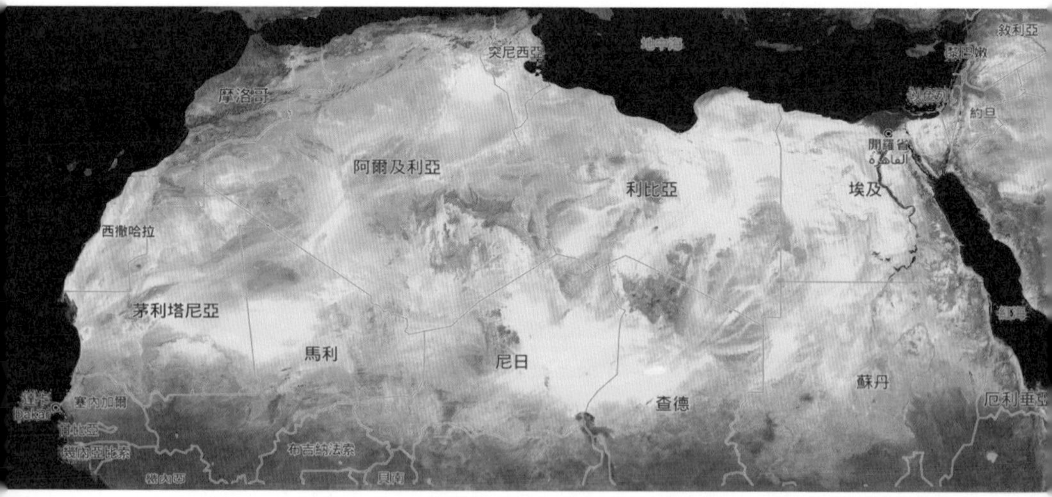

幅員遼闊，涵蓋十幾個國家的撒哈拉。

月亮，被天空中一隻大怪手抓下來，放置在撒哈拉沙漠裡，更奇怪的是，這些一百公尺左右高的沙堆，每一個間隔的距離都是差不多的。人萬一進了這個群山裡，一不小心就要被迷住失去方向。我給它取名叫迷宮山。」

被三毛稱為「迷宮山」的自然地貌其實就是沙丘群，也是經典撒哈拉意象。

在極度熟悉沙漠的三毛筆下，撒哈拉有著多元樣貌，如黑沙漠、白沙漠、土黃沙漠與紅沙漠等。土黃沙漠與黑沙漠最常見，最為罕見的當屬白沙漠，我住的梅如卡則因連綿不絕的豔紅沙丘群而得以發展觀光業。

沙丘並非一成不變，一天當中，可因光影變化而折射出不同色澤與光彩，更會隨風改變形狀甚至移動，外地人很容易在起伏蜿蜒且時刻變幻中的沙丘群裡迷失方向，無怪乎三毛稱之為「迷宮山」。

西撒的海

世人對三毛的印象往往是她穿著寬鬆長袍，佇立於起伏蜿蜒沙丘群的瘦弱身影，然而，她筆下的撒哈拉是有海的。

在西撒探尋三毛足跡時，我與貝桑刻意走濱海公路，往山往海跑，直到與茅利塔尼

三毛曾以「連綿平滑溫柔得如同女人胴體」來形容沙丘，因其蜿蜒起伏且時刻變化，讓人捉摸不定，迷失其中，成為她口中的「迷宮山」。

各國遊客都愛來紅沙丘騎駱駝。

「前世的鄉愁　鋪展在眼前
　啊——一疋黃沙萬丈的布
　當我當我　被這天地玄黃牢牢捆住
　漂流的心　在這裡慢慢　慢慢一同落塵」
　　　　　　　　　——三毛作詞〈沙漠〉

撒哈拉的燦爛繁星。

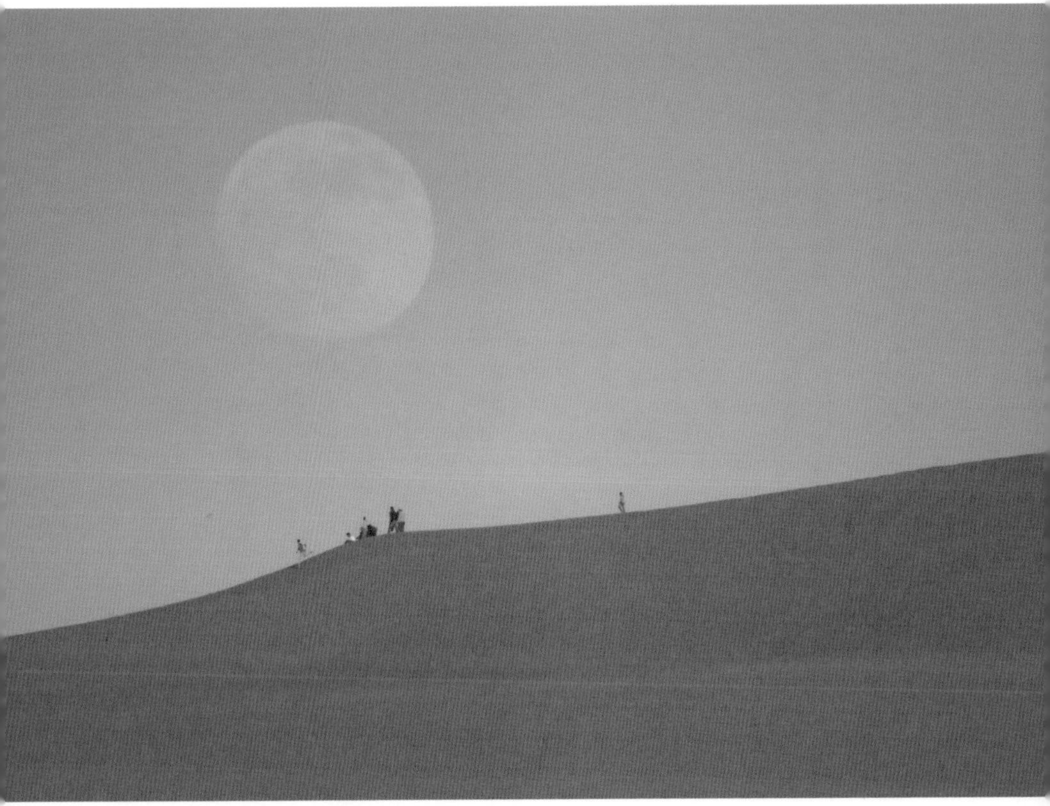

紅沙丘上的滿月乍現。

一般人印象中連綿不絕的沙丘其實在撒哈拉占比很小，撒哈拉大部分都是黑沙漠與礫漠，卻是遊牧民族的原鄉。

撒哈拉的自然地貌豐富多元，有時可見紅沙漠與黑沙漠並置。
降雨稀少但生態豐富，不時可見野驢等野生動物。

撒哈拉最常見的礫漠。

降雨可瞬間改變沙漠景致。大雨過後，大漠一片青蔥翠綠。

亞的邊界。

貝桑與我沿著海岸線一直走，終於找到荷西偏好的純白沙漠與蔚藍海洋的交接，在赫尼菲斯國家公園（le parc national de Khnifiss）一帶發現了海洋與河流交會之處，只見火鶴在點點白色浪花間覓食，宛如淡紅霞光落在了海灘上，其情其景，正如三毛在〈收魂記〉裡的描述，當下激動莫名！

在海、河與沙漠交接處，浪花滔滔，火鶴與多種水鳥在此覓食、棲息，繁衍下一代，美麗景致一如〈收魂記〉，這也才明白三毛〈今世〉歌詞「花又開了／花開成海／海又昇起／讓水淹沒」的場景，以及為何她生前會說：「雖然我住在沙漠裡，可是因為荷西在身邊，我覺得這裡繁花似錦。」

我們漫步岸邊荒地，意外拾得貝殼化石，就像她描述的「一個好大貝殼的化石，像一把美麗的小摺扇一樣打開著」。

其實化石在摩洛哥並不罕見，海洋古生物化石更是我們深度導覽的重點之一。梅如卡附近伊爾富德（Erfoud）就出產經過磨製、可供販售的化石產品，多為黑色或灰色，質地堅硬，為菊石、直角石與鸚鵡螺等，與西撒的扇貝狀化石有明顯差異。

西撒沿岸漁獲豐富，十八世紀開始，加納利群島的漁夫便會前來捕魚。三毛在〈素人漁夫〉裡寫她和荷西到岩岸釣魚：「海潮退了時岩石上露出附著的九孔，夾縫裡有螃蟹，水塘裡有章魚，有蛇一樣的花斑鰻，有圓盤子似的電人魚，還有成千上萬的黑貝殼豎長在石頭上，我認得出它們是一種海鮮叫淡菜。」

西撒海港魚市裡，我在魚攤上見到了各式魚類、螃蟹與鰻魚，偶爾還有婦女販售煮熟去殼的淡菜，也曾在海岸見著提水桶、撿拾淡菜的漁夫與漁婦。

捕撈章魚與花枝實為西撒沿海的重要經濟活動。一九七六年西班牙撤離撒哈拉後，摩洛哥政府積極發展章魚與花枝等頭足類的商業捕撈，主銷日本與歐洲。龐大的利益曾讓摩洛哥與西班牙等歐洲國家產生衝突，九〇年代才漸漸達成協議。二〇一九年底，摩洛哥海域出現了捕撈章魚的中國遠洋漁船。

西撒魚市裡不算罕見的鰻魚則特別引起我的關注，與三毛所說的「花斑鰻」頗為形似，長形如蛇狀，深褐色的魚身，有著金黃長條紋。伊斯蘭的飲食規範必須符合「清真」，什葉派僅食用有鱗片的魚，摩洛哥的穆斯林則是遜尼派，並不排斥無鱗魚，如鰻魚、鯊魚或軟體動物等，因此三毛提及的海中食物都有可能變成撒拉威人的桌上佳餚。

另外，三毛在〈十三隻龍蝦和伊地斯〉提到龍蝦捕捉，今日的阿尤恩與塔法亞（Tarfaya）一帶以龍蝦著稱，但因珍貴稀少，政府僅允許每年四月到八月間捕捉，在餐

白沙漠與大海的交接確實存在，如今漸成觀光資產。

撒哈拉湖泊生態豐富，雨量豐沛時，雨水匯聚成湖，火鶴、野鴨與高蹺鴴等水鳥在此棲息、繁衍，熱鬧一整座湖面。

在點點浪花間覓食的火鶴，宛如一抹落在海灘上的淡紅霞光。

在西撒海岸荒地發現的貝殼化石，與三毛描述的相同。（見〈搭車客〉）

撒哈拉小城伊爾富德的荒野中常見菊石化石。

沙塵暴肆虐中的撒哈拉。

廳及魚市皆可發現龍蝦漁獲。

西撒海岸線極長，部分港口有船隻前往西班牙加納利群島，在〈哭泣的駱駝〉中，鑑於局勢愈來愈危險，三毛曾經試圖帶沙伊達從某個漁港偷渡，離開西撒。離阿尤恩二十幾公里處的小漁村芬艾魏（Foum el Oued）當地居民坦言，早期鄰近一帶確實有船隻偷渡前往西班牙，如今依然有走私販或人蛇集團尋找適合的隱密地點，將非法移民或大麻運往西班牙。

坐在駛向西撒的車裡，望著湛藍海岸，耳裡反覆聽著三毛作詞的〈沙漠〉：「前世的鄉愁，鋪展在眼前，啊……一疋黃沙萬丈的布，當我被這天地玄黃牢牢捆住。漂流的心，在這裡慢慢慢慢一同落塵，呼嘯長空的風，捲去了不回的路，大地就這麼交出了它的祕密，那時，沙漠便不再只是沙漠，沙漠化為一口井水，井裡面，一雙水的眼睛，盪出一抹微笑。」巧的是，三毛曾居住的阿尤恩（العيون），意指「泉水」或「眼睛」，因豐沛的地下水脈而吸引西班牙殖民政府在此建城，地名寓意恰與歌詞吻合。

在齊豫澄澈空靈歌聲裡，忽地，我眼前浮現沙塵暴來襲時的撒哈拉，漫漫黃塵席捲天地，直到風止。這才驚覺，三毛對沙漠的愛與理解，遠在我認知之上！

撒哈拉遊牧民族圖瓦雷格族有句諺語說：「哪怕路迢迢，盡頭總有一口井。」這世間書寫沙漠之美的文字何其多！然而唯有深深走入沙漠又深深愛上沙漠者，才能領略「井」的諸等美好。

聖修伯里（Antoine de Saint-Exupery）在《小王子》裡寫著：「讓沙漠愈發美麗的，是在不知名角落藏著一口井。」

共享是遊牧民族的悠遠傳統，每一口井無論由誰開鑿，莫不歸屬於天地與所有人，從來沒有獨占的道理。遊牧民族在井邊打水時，駱駝與野驢往往聞聲而來，等著與人分享生命泉源。

我與野驢唯一的連結，便是由井串起。在大漠中，若偶遇在井邊徘徊的野驢家族，貝桑總會停下車，將井裡的水一桶桶拉上來，倒入井邊水池，讓野驢解渴。有一回，我與貝桑遠遠望見一對野驢母子在金合歡樹下歇息，幼驢一看到我們，不怕生地跑來，接著母驢也來了。貝桑說，我們之前曾在井邊打水給母驢喝，或許母驢想來打個招呼。

看著躺在地上撒嬌，露出肚子的幼驢，我竟想起三毛所說的，沙漠化作井，井裡一雙會微笑的水的眼睛。

在井邊為野驢汲水。

【壹】撒哈拉傳統小物與文化

駱駝頭骨。

荷西送給三毛的結婚禮物，是他在沙漠尋覓許久，終於找到的一副完整駱駝頭骨，三毛喜歡得不得了！跟著來到加納利群島，又帶回臺灣，萬般珍惜，甚至說：「這副頭骨，就是死也不給人的，就請它陪著我，在奔向彼岸的時候，一同去赴一個久等了的約會吧。」＊

沙漠經濟與駱駝

在沙漠深處撿到完整的駱駝頭骨，並非不可能。

駱駝可說是沙漠的象徵，摩洛哥南部沙漠地帶的城市入口與圓環，經常以駱駝塑像為裝置藝術，牆上彩繪亦常出現駱駝，就連西班牙殖民西撒時期都出了好幾款駱駝圖案的郵票。

＊詳見〈結婚禮物〉，收錄於《永遠的寶貝》

撒哈拉的駱駝是單峰駱駝，毛色多為深棕色，偶爾會有來自阿爾及利亞與馬利的白駱駝。一般認為棕色駱駝較白駱駝生命力強。

駱駝能夠聞到遠方水的味道，也知道水藏在沙漠何處。不時可看見駱駝在井邊耐心等待，若有遊牧民族前來汲水，即使不是自家駱駝，都不吝於汲水給他人飼養的駱駝喝。

撒拉威人豢養大批駱駝，對駱駝有很深的情感，舉凡飲食、運輸與貿易，無一不倚賴駱駝，尤其在遊牧經濟裡，駱駝是牧民遷徙移動時極為重要的馱獸，如果沒有駱駝，不僅遊牧民族無法逐水草而居，長達數百年的跨撒哈拉貿易線根本不可能存在。

三毛有數張與駱駝的合照，亦曾提及與荷西參加賽駱駝。阿拉伯人早在西元七世紀便已開始賽駱駝，目前主要流行於阿拉伯地區，摩洛哥南部的撒哈拉沙漠偶爾有之，我曾在穆哈米德（Mhamid）與坦坦（Tantan）見過，場面混亂熱鬧，充滿節慶氣息，自由又隨興。摩洛哥政府雖然試圖將之國際觀光化，促進沙漠經濟，目前仍屬於在地民俗活動，參與者多半是當地人，兼具鄉村娛樂與凝聚社群的功能。

對撒拉威人來說，駱駝不僅是生活夥伴、遷徙時的馱獸，還可以買賣交易與食用。沙漠觀光產業出現後，許多遊牧民族迫於乾旱，不得不改變傳統經濟模式，走入觀光業，為遊客牽駱駝也成了掙口飯吃的唯一憑藉。

重感情的駱駝

駱駝就像人，各有各的脾性，對彼此有著情感，甚或相互喜歡，抑或互看不順眼。

有回我和貝桑及他姪子三人牽著兩頭駱駝到沙丘群深處野營，其中一頭駱駝已十歲以上，習慣與人一同工作，另一頭剛剛成年，跟出來實習。只見年輕駱駝不時緊緊依偎在年長駱駝身上，姿態與鳴叫中充分展現對年長駱駝滿滿的依賴與依戀。

某天傍晚，我們選定紮營地點，我和貝桑負責搭帳篷、尋找柴薪、烹煮晚餐，貝桑姪子負責牽年長駱駝去井邊取水。一見到貝桑姪子牽著年長駱駝離去，年輕駱駝竟然嗚嗚嗚地哭了起來，即使貝桑早將牠的前腳綁住，牠都想追隨年長駱駝而去，情感與依戀無比濃烈。

貝桑這才解釋，年長駱駝性格穩定服從，工作經驗豐富，可以獨自和姪子去井邊取水，年輕駱駝容易感情用事，因此得限制牠的行動，以免牠朝著年長駱駝狂奔而去。

阿拉伯諺語說：「若生命是沙漠，女人便是沙漠裡的駱駝。」將駱駝與生命伴侶相比擬，可見沙漠中人與駱駝之間的親密。撒拉威人雖然也進行駱駝的買賣交易，仍將之視為家人一般，往往只有極度缺錢才會賣駱駝。

許久前，貝桑大哥擁有一對母子駱駝，因家裡急需用錢，貝桑大哥賣了小駱駝。接連數天，母駱駝日夜哀泣，貝桑大哥後悔不已，小駱駝卻早已跟著新主人前往遠方。

遊牧民族欣賞也信任著駱駝，認為駱駝是聰明可靠的好夥伴，即使獨自在一望無際的大漠，也能自己回家，不知迷路是何物。

貝桑有個智能不足的堂弟薩伊，偶爾靠著村人施捨與遊客同情，掙一點兒吃飯錢。多年前，一位英國年輕背包客要薩伊帶他騎駱駝到沙丘裡野營，薩伊興奮地接下這份工作，當天傍晚獨自牽起駱駝，帶英國人走入沙漠。

沒出啥差錯的過了一整晚後，隔

人駝情深　（攝影：張逸帆）

天清晨，正當薩伊要帶英國人騎上駱駝，慢慢走回村裡時，這才發現駱駝不見了！原來前晚他沒把駱駝綁緊，駱駝跑了。

沒辦法的薩伊只好把英國人丟在原地，自己步行回村，雇用吉普車回去載英國人出沙漠，幸好英國人沒責怪他，但這一來一往，別說掙錢，光是支付吉普車的費用就讓薩伊媽媽損失存了好久的私房錢。

更妙的是，待此事完滿落幕，眾人發現駱駝早就自行回到原主人身邊，根本沒走失！這事讓薩伊從此成了族人笑柄，直說駱駝都知道回家的路，比他還聰明！

駱駝之為食物

駱駝也是沙漠中的食物來源之一，被撒拉威人視為大菜。

沙漠地帶的婚宴，被宰殺來待客的動物體型愈大，表示賓客人數愈多，婚宴愈形盛大，與主人財富威望成正比。一般婚宴多半宰殺牛羊，我和貝桑結婚時僅簡單在市集購買待客的牛羊雞等食材，貝桑三哥結婚時，父親特地為他宰了一頭牛，眾人至今印象深刻。那麼若以駱駝肉待客，自然顯示主人豐厚財力與隆重款待客人的誠意，〈娃娃新娘〉裡主人罕地款待賓客的料理之一便是駱駝肉。

駱駝肉的味道三毛不甚喜愛，荷西更是敬謝不敏，以他是基督徒，「我的宗教裡，駱駝是用來穿針眼的，不是當別的用。」*當作推託之詞，西班牙太太則沒教養地說吃了會吐！†

目前在摩洛哥肉鋪就可以買到駱駝肉，南部大城較為常見，一般用來烹煮塔吉或庫斯庫斯（couscous），食用方式與牛肉或羊肉相同。以駱駝肉烹調的庫斯庫斯肉質相當接近牛肉，味道或許濃些，但因為加了大量香料且長時間烹煮，其實不難入口。

另一道常見的撒拉威駱駝肉料理是極受歡迎的駱駝米飯，烹調方式相當簡單，將洋蔥及番茄等蔬菜切碎，與駱駝肉塊炒過，加入洗淨的米、香料與適當水量，放在鍋中悶煮即成。

比較奢華的吃法則是做成烤肉串。

三毛在〈啞奴〉裡寫著，她受邀前往一位撒拉威財主家裡作客，走進「迷宮也似寬大的白房子」，年老的財主深諳法語與西語，擁有四個年輕美豔的妻子，「據這個財主堂兄太太的弟弟阿里告訴我們，這個富翁是不輕易請人去他家裡的，我們以及另外三對西籍夫婦，因為是阿里的朋友，所以才能吃到駝峰和駝肝做的烤肉串。」可見駱駝肉是款待賓客的大菜。

*詳見〈白手成家〉
†詳見〈啞奴〉

服務賓客的工作落在一個孩子頭上，由他負責煮茶、烤肉串，燒紅的炭爐上放著鐵絲網，孩子俐落地串肉，「一塊肉，一塊駝峰，再一塊肝，穿在一起，再放鹽」，烤熟之後，放在大盤子上，端給客人食用。

這種吃法今日仍然是撒拉威人烹調烤肉串的方式。無論駱駝肉、牛肉或羊肉，處理方式其實都相同，通常會將心臟與肝切塊，有時會先以清水煮熟，以防吃到不熟的內臟而生病。腸子則在仔細清洗後以香料和鹽巴醃製，綁成條狀，爾後可與庫斯庫斯一同烹煮。

烤肉串時，通常會在心臟與肝等內臟塊的外層包上一層脂肪，以細細的鐵

切成塊狀的肉與內臟串成肉串，先置於鐵架上，再放上炭爐子燒烤，烹調方式與三毛在〈啞奴〉裡的描述相同。

條串成一串。若在沙漠深處無法取得金屬製烤具，則將樹枝削尖，自製烤肉串。

將肉塊、內臟與脂肪塊串成一串之後，撒上香料與鹽巴，放入鐵絲網，置於爐子上炭烤。外層脂肪除了可增添美味，也讓內臟不易烤焦。至於肉塊，同樣撒上香料與鹽巴，肉塊與肉塊之間也會夾一塊脂肪，食用時，則不吃這層脂肪。駱駝肉串讓三毛學到並寫下「駝峰原來全是脂肪」的體悟。

無論哪一種肉，烤肉串在撒拉威傳統裡都是用來款待賓客的美食。

在婚宴裡，牛羊或駱駝宰殺後，內臟與淨肉處理過，串成一串，放在炭火上慢慢燒烤，再由賓客趁熱分食。一串烤肉串熟了，賓客一人分食一塊，而非一人拿一串，之後等下一串熟了，賓客仍是一人分食一塊，直到吃完為止，如此才能嘗到內臟與肉塊剛剛烤熟、熱呼呼的美好滋味，期間佐以甜茶，與三毛參加姑卡婚禮：「我們被請入大廳與阿布弟的親友們坐在一起，開始有茶和駱駝肉吃。」*的流程完全一樣。

不只婚宴，家中若有遠道而來的賓客造訪，主人往往特地前往鋪子購買內臟與淨肉，烹調烤肉串待客，有時甚至會為了賓客而宰羊。

我也遇過烤肉串只是開胃前菜，讓賓客在餐前配茶吃個美味，主食為塔吉或庫斯庫斯的情形。

*詳見〈娃娃新娘〉

由此可見，依據撒拉威飲食習慣，三毛受邀到撒拉威財主家作客，有專人在旁烹煮駱駝烤肉串與茶，完全是款待貴客的頂級規格。

當然，若將駱駝視為食物來源之一，便無法避免宰殺。

我曾在摩洛哥南部沙漠部落穆哈米德街頭巧遇一戶人家正要宰殺駱駝以置辦婚宴食材。駱駝相當聰明，知道自己的命運，雖然被綁仍不斷嘶吼、掙扎，圍觀者眾，場面殘忍混亂，我不忍直視，匆匆走過。

貝桑解釋，宰殺駱駝不是一件容易的事，為了避免駱駝受苦，必須以最快的方式結束牠的生命，通常會用磨利的長刀從下往上刺進駱駝脖子中央，再劃開喉嚨，讓血液迅速流出來。一兩分鐘後，駱駝隨即倒地，躺在血泊裡。

由於駱駝體型龐大，宰殺後的肉量龐大，過往肉類保存不易，多半是數戶人家合宰一頭再均分駱駝肉。傳統保存肉類的方式是將肉洗淨後，與大量的鹽巴及香料均勻混合，晾在高處，避免被老鼠或貓吃掉，沙漠乾燥，這等近乎醃製的方式，肉類可保存好一陣子。也因保存不易，遊牧民族在烹調肉類時往往煮得相當熟爛。

宰殺駱駝看似血腥野蠻，但倘若果真眾生平等，一個生命的價值並不比另一個高等，一頭駱駝的死去，並不比一顆生蠔的死，要來得讓人惋惜。然而，一頭駱駝的死去，可供好幾戶人家數天食用，一顆生蠔在饕客口中不過換來幾秒鐘快感。為什麼宰殺駱駝被視為野蠻殘忍，饕客大啖香檳生蠔就是高級品味與生活享受呢？更何況，穆斯林規定使用尖銳刀刃來宰殺牲畜時，一定要盡量減少動物恐懼與痛苦。

駱駝與遊牧民族

在物資匱乏的沙漠，駱駝奶還是珍貴的營養品，是老人、病人與孕婦的專屬傳統補品。在摩洛哥南部城市里薩尼（Rissani）一帶，今日仍有人在曠野處搭起帳篷，豎立招牌，販賣駱駝奶。南部大城如蓋爾敏（Guelmin）的超市則可購得冷藏的瓶裝駱駝奶。

一回與貝桑外出旅行，遠及摩洛哥北部海城坦吉爾（Tanger），巧遇一位撒拉威族人，一聽我們是沙漠部落梅如卡來的，懇請我們回去後寄一瓶新鮮駱駝奶給他，原來他年邁的母親久病不癒，想嘗嘗家鄉味，加之駱駝奶營養豐富，被視為病弱老者的絕佳飲品。

此外，駱駝的皮毛強韌粗糙又相當耐用，最適合編織成帳篷，撒哈拉遊牧民族的帳篷多為深棕色，即為駱駝毛原色。駱駝皮革可製成袋子或鼓，實用性極高，駱駝骨可磨製成珠子，做為首飾。

新聞偶有觀光業者虐待駱駝的情事，但就我在撒哈拉所見所聞，沙漠中人與駱駝感情融洽，相當懂駱駝，很能妥善照顧駱駝並帶領駱駝一同工作。

一頭駱駝在正式上工、載觀光客之前，會先經歷一定的訓練過程，學習服從指令，接著是實習期，待駱駝性格穩定，能勝任背馱觀光客的工作，才會正式上工，如此也才能確保遊客安全。

有一回，兩位客人預訂騎駱駝到沙丘上看夕陽，哪知駱駝夫傍晚竟牽了三頭駱駝過來。一問，才知走在隊伍前頭的兩頭駱駝是來上工的，跟在後面的那頭年輕駱駝體格較小，是跟來見習的，不載客。

那天隊伍出發後，只見最後面那頭年輕駱駝沿途不斷哼哼地鳴叫，似乎在抱怨自己得跟出來見習，還不時用頭去摩蹭前面那頭駱駝的臀部，撒嬌似的，甚為有趣。

正因為駱駝是極為重要的資產，遊牧民族深愛之，照顧有加，若是食用，基本上頭骨不可能完整，反之，若駱駝病亡，則棄置於沙漠，任其腐爛，在此情況下，較可能出現完整頭骨及遺骸。

用駱駝骨珠、椰棗核與皮繩串起的古董項鍊，雖非亮眼首飾，更非珍貴寶石，然駱駝骨珠已相當少見。

撒拉威人將駱駝骨磨成圓珠，穿孔，手工繪製深棕色圖案，當作裝飾。

西撒公路旁，前不著村，後不著店，矗立著販售駱駝奶的招牌。

羊皮鼓。

羊群與駱駝同樣是遊牧民族的重要資產，亞特拉斯山脈的柏柏爾族飼養綿羊與山羊，撒哈拉遊牧民族主要飼養駱駝與山羊，羊隻可供交易與食用，綿羊的毛可織成精美實用的地毯，皮革則可做成鞋子、皮包與樂器等。

各式羊皮鼓是北非常見的庶民樂器，如手鼓（bendir）、聲音響亮且耐打耐用的金杯鼓（djembe），以及用鼓棒敲打的特貝爾大鼓（tbel）與中東鼓達布卡（darbouka）。這些鼓的鼓面由羊皮製成，鼓身或為木頭，或為陶製。

手鼓多為圓形，偶有方形或三角形，鼓面上時有彩繪，可說是柏柏爾音樂中不可少的樂器，亞特拉斯山區柏柏爾音樂「海杜斯」（ahidous）的典型標誌便是男性樂師身穿長袍、肩披披風、頭包頭巾，手上拿著手鼓。需使用鼓棒的特貝爾大鼓則與黑奴音樂「格納瓦」（gnaoua）緊密相連。相當受歡迎的金杯鼓使用廣泛，被視為帶有非洲色彩。

手鼓，鼓面或有彩繪，多為圓形，也有方形或三角形。

金杯鼓，最普遍且常見，具非洲色彩。

特貝爾大鼓，以牛皮製成，牛毛都還在鼓面上。

然而，不管是家庭聚會或正式演出，各種鼓經常是同時使用。

三毛〈第一個奴隸〉裡提到了一對羊皮鼓，這種一大一小的羊皮陶罐鼓在摩洛哥很常見，稱為 Tbilat，較常見的稱謂是 TamTam，起源不詳，一般被視為摩洛哥鼓，有點像是拉丁美洲邦戈鼓（bongo）與達布卡的合體。

三毛的 TamTam 羊皮鼓可是大有來歷。一位撒拉威人為了感謝三毛與荷西送他糖、麵粉與藥等物資，帶了一個高大的黑人要送他們當奴隸，兩人拚命拒絕，撒拉威人因而改送鼓。待三毛與荷西離開西撒，這鼓也被帶到加納利群島，並被她暱稱為「奴隸」。＊

那個送奴隸的人彎下身去，在一個麵粉口袋中掏，掏出來的就是照片中那只羊皮鼓。這個東西，使我們大大鬆了一口氣——它不是個活人。以後我們在家就叫這只鼓——「奴隸」。

TamTam 鼓面為羊皮，鼓身為陶土，中空，底座如碗狀。鼓身或有彩繪，一般專業演出的鼓多半是素面的，但鼓身有無彩繪並不影響鼓的聲音與打法。將鼓面緊緊綁在陶製鼓身並呈網狀的繩線，則為羊皮。

＊詳見《永遠的寶貝》，收錄於〈第一個奴隸〉

TamTam。由羊皮繩索製成的網狀物將鼓面緊緊綁在陶罐鼓身上。

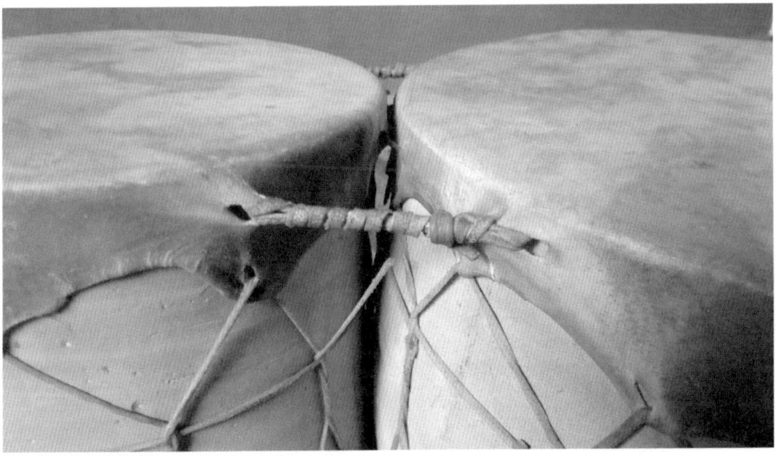

整個鼓身以處理過的羊皮為繩索。

TamTam 的大鼓聲音較低沉，小鼓清脆響亮。演奏時，鼓放在地上，大鼓在右側，小鼓在左側，一手敲打一只鼓，鼓面聲音厚實，鼓緣清脆。若鼓面因溼氣而聲音沉悶，可將鼓面放在營火上稍微烘烤，隨即恢復響脆鼓聲。

據我個人經驗，TamTam 的技術性似乎較低，遠比達布卡更容易敲打出聲音，操作相對容易。聲音層次或許不如達布卡細緻靈動，但有一種融合非洲大地粗獷狂野的能量，又有著北非民族的樸質內斂，帶著雅致的文化底蘊。

整個摩洛哥幾乎都可以看到 TamTam，南部沙漠地帶更為常見。傳統上，柏柏爾族與撒拉威人在宰羊後，有時會自行將羊皮簡單製作成手鼓，TamTam 的製作則相對需要一定的專業技術與器材，多以購買為主。

沙漠觀光業誕生後，TamTam、金杯鼓與手鼓等打擊樂器成了沙漠中人與觀光客同歡時不可或缺的樂器。國際拉力賽在摩洛哥舉行時，行至沙漠，當地商家也會在拉力賽夜間休息的營區附近搭起帳篷，做點小生意，TamTam 即是常見的販售商品之一。

沙漠中人無論男女老幼，幾乎人人都可現場來一手打擊樂器即興獨奏，他們的音感與打擊技巧並非來自學校或課程，而是家族與日常生活的耳濡目染，每場婚宴都是孩子們學習吟唱與節奏的大好時機。每個孩子一看到鼓，情不自禁就會把玩一番，若問他們：「這是啥節奏？怎麼打？你跟誰學的？」孩子們可是一句都說不上來，敲打鼓面的手卻又靈動極了。

一般來說，女孩兒較偏好輕巧的手鼓，男孩子較常玩笨重的TamTam與金杯鼓，但並無實質意義上的性別限制。

說到TamTam，我也有一個屬於自己的個人故事，就發生在剛來摩洛哥時。

二〇一一年阿拉伯之春延燒北非與中東地區期間，我恰巧在摩洛哥首都拉巴特（Rabat）的人權組織工作，當時摩洛哥社運團體積極要求政府落實君主立憲、言論自由與女性權

鼓是沙漠孩子較容易取得的樂器。

益，各地示威不斷，社會整體氣氛倒是相對和平。

那回我被派到千年古城菲斯（Fes）參加一場民主論壇，工作結束，前往知名景點舊城區，暫時忘卻各種政治議題，難得地當起觀光客。正當我迷惑於琳瑯滿目的傳統手工藝品，擔心自己在千年小徑迷路時，一家傳統樂器行映入眼簾，由於我留學巴黎時曾跟北非裔移民學習傳統樂舞，一看到樂器行，興高采烈走了進去。

老闆見著我，也不忙著做生意，客氣地請我坐下來，喝杯茶，讓我從容瀏覽店內樂器，與多數摩洛哥商人急忙推銷的風格截然不同。

店裡一只潔淨素雅的鼓，讓我好生歡喜，老闆說這鼓叫 Tam Tam，想玩正統摩洛哥音樂一定得有一只，靈巧的手指隨即在鼓面敲打起來，某種帶著非洲大地能量的阿拉伯風情從鼓面彈跳而出。我興奮地詢問價格，老闆給了個數字，雖略為偏高但尚可接受，我點點頭，說我要了。

老闆眨眨眼，語帶神祕地說，他還可以提供更好的選擇，轉身就從角落拿出一只一模一樣的鼓，說：「剛剛那只，鼓面是羊皮做的，這只呢，不一樣，是駱駝皮做的，聲音更好，駱駝皮做的鼓很少見，整個菲斯只有我手邊有貨。」一連串細緻節奏再度從他指間流瀉而出。

那當下，我的自尊與驕傲拒絕承認自己的耳朵無法靈敏地聽出兩只鼓的差異，我的腦袋只覺得駱駝皮鼓的質感就是說不上來的更優質。心動詢問價格，駱駝皮鼓竟是羊皮鼓的兩倍！

我倒抽一口氣，老闆卻淡然地說：「駱駝不常見，只有沙漠才有，駱駝比羊體型更大，切割下來的皮革更大張，可以做大鼓，音質更好，駱駝皮鼓供不應求，價格當然高。」見我猶豫，老闆也不囉嗦，把鼓往身後一放，指指第一只鼓說：「觀光客買這種羊皮鼓，做個紀念，夠了。」

憑著一股「我才不是觀光客呢」的傲氣，我馬上說：「好，我要那只駱駝皮鼓。」陶製鼓身比想像中沉重，費盡千辛萬苦終於把鼓帶回拉巴特的我，洋洋得意之餘，卻也隱約感覺哪兒不太對勁兒。

隔天進了辦公室，上司問我會議如何？我大致報告後，開心秀出手機裡的照片，把如何買到千載難逢駱駝皮鼓的事情說了一遍。

剎時，整個辦公室靜了下來，同事們尷尬地面面相覷，很慢很慢地，我終於懂了那沉默裡的訊息。好一會兒，上司才說：「下次小心點，我們摩洛哥人為了多賺觀光客一點兒錢，啥故事都編得出來。」

羊皮水袋。

我們的家，又添了羊皮鼓，羊皮水袋，皮風箱，水煙壺，沙漠人手織的彩色大床罩，奇形怪狀的風沙聚合的石頭——此地人叫它沙漠的玫瑰。

——〈白手成家〉

被三毛用來布置與荷西在阿尤恩的家的羊皮水袋*，是一種不存在於臺灣的物品，卻也是北非居民善用僅有資源滿足生活所需的古老智慧。

羊皮水袋由山羊皮——以大型公山羊為首選——製成，當地人稱為guerba，往昔是遊牧民族裝水的器皿，類似水壺，可攜帶外出，適合沙漠遊牧生活形態，不僅使用於撒哈拉，北非各地都可看到，在阿爾及利亞山區Aurès，羊皮水袋更被視為當地具代表性的傳統物件。

*詳見〈白手成家〉

夏季的沙漠極度乾熱，白晝日溫可高達攝氏五十度，地表被太陽晒得燙人，即便躲入屋舍，牆壁與地板仍然是熱的，水龍頭一開，流出來的水比體溫還高。高溫讓冰箱與空調不管用，即便馬力開到最大，冰箱冷藏室的溫度都接近室溫。一到酷熱盛夏，連一口涼水都是奢侈。

這時，羊皮水袋展現了遊牧民族的傳統智慧。

夏季時水龍頭流出來的自來水燒燙燙，從井裡打出來的水卻無比清涼。遊牧民族將羊皮水袋裝滿清涼的井水，置於陰涼高處或懸空掛在帳篷下，遠離燒燙地面，水袋裡的水就能保持冷冽，可謂「遊牧民族的天然冰箱」，儲存涼水的效能遠勝耗電的現代冰箱。若是已定居的綠洲或山村部落則會把羊皮水袋掛在牆上或樹下，有些還特製金屬三腳架，方便懸掛。

羊皮水袋的製作方式相當簡單。

穆斯林在宰殺羊隻時，讓羊頭朝向麥加，誦唸幾句古蘭經之後，便以利刃快速割斷羊隻咽喉，讓羊血流乾，爾後在四隻腳蹄一帶切口子，吹氣，讓空氣隔開皮毛與肉，接著倒掛羊隻，俐落地剝下皮毛，即可獲得完整羊皮。

由於羊皮水袋僅用來裝水，遊牧民族多半不會大費周章地去毛。將整張羊皮徹底洗

用完整羊皮做的羊皮水袋

淨後，直接放在太陽下晒乾，數天後，待羊皮自然乾燥，再將乾燥的石榴皮磨成粉，與水混合，數度清洗、晒乾。

相同清洗程序會反覆好幾次，不同區域，用來洗滌羊皮的材料略有差異。洗到整張山羊皮全無脂肪與雜質，再將四肢孔洞縫起，以羊頸為開口，即成簡易羊皮水袋，內可裝水。兩頭若綁上繩子，即可懸掛或背在身上，方便外出。

羊皮水袋製作完成後，因沙漠乾熱，不但不會發出異味或腐敗，還能反覆使用數年。若擱置不用，羊皮自然變硬，再度使用前須以清水泡軟；若強力扳開，可能使羊皮破損。一旦廢棄不用，則可百分之百生物降解，相當環保。

僅存的賣水人

時至今日，羊皮水袋早已因寶特瓶等現代物品的出現而逐漸消失於庶民生活裡，但北非仍能見到羊皮水袋的蹤影，除了沙漠深處的遊牧民族帳篷尚保留一些，多為擺設，古城觀光業也能循得它的蹤跡。

摩洛哥古老皇城馬拉喀什（Marrakech）每年迎接無數國際觀光客，在知名觀光景點，同時也是聯合國教科文組織認定的非物質文化遺產德吉瑪廣場（Jemaa el-Fnaa），不時可見賣水人穿梭人群中，當地稱為 guerrabas，一般多為上了年紀的男性，身穿亮麗紅衣，一手拿著黃銅或錫製的杯子，另一手持鈴鐺，頭戴綴有黃藍紅三色流蘇的大帽子「塔哈扎」（tarazza），身揹以古硬幣裝飾的皮包，以及一個羊皮水袋，水袋口裝有長長的金屬管，方便倒水，賣水人身上有時還會配戴數個金屬杯當作裝飾。

guerrabas 一詞即來自賣水人身上的羊皮水袋 guerba。早年傳統社會，飲水取得不易，賣水人以羊皮水袋裝滿水，在市集或舊城區遊走，行人商賈聽到鈴聲，知道賣水人來了，揮手招呼，便可得一口清涼。有些賣水人為了讓水的滋味更好，不僅會把水放在特別陰涼的地方，甚至會放入特殊的黑色石塊來淨化水質。

在瓶裝水隨手可購得的現代，賣水人依然活躍於馬拉喀什的德吉瑪廣場，也仍然有摩洛哥人向他們買水喝。我與貝桑在沙漠小城里薩尼舊市區閒逛時，若遇賣水人，貝桑也會向對方買水，對他來說，賣水人的水從羊皮水袋倒出來並裝在金屬杯子裡，滋味特別好。

由於賣水人一身裝扮相當亮眼特出，且是摩洛哥特有的傳統行業，深受觀光客青睞，在各大城不少知名景點，賣水人靠著與觀光客拍照，收取費用維生，自然也因應遊客拍照需求，服飾愈來愈華麗誇張。

1929 年的賣水人

賣水人

承載家族記憶的水袋

貝桑家族雖已過著現代生活，數年前，貝桑媽媽閒來無事，看到家裡宰殺的山羊羊皮相當完整，便拿來親手做了一只羊皮水袋。這只羊皮水袋雖已有數年歷史，仍然相當新穎，沒啥味道。乾了之後，整張羊皮是硬的，遇水則軟化，整只羊皮水袋頗有重量，若在袋裡注入水，則更沉重。

對臺灣人來說，喝一口從一只完整羊皮製作的水袋裡倒出來的水，多少有些心理障礙，貝桑家族卻對羊皮水袋有著深厚感情。對貝桑來說，那是在沙漠度過童年的記憶。

只見家族眾小孩興奮地要把羊皮水

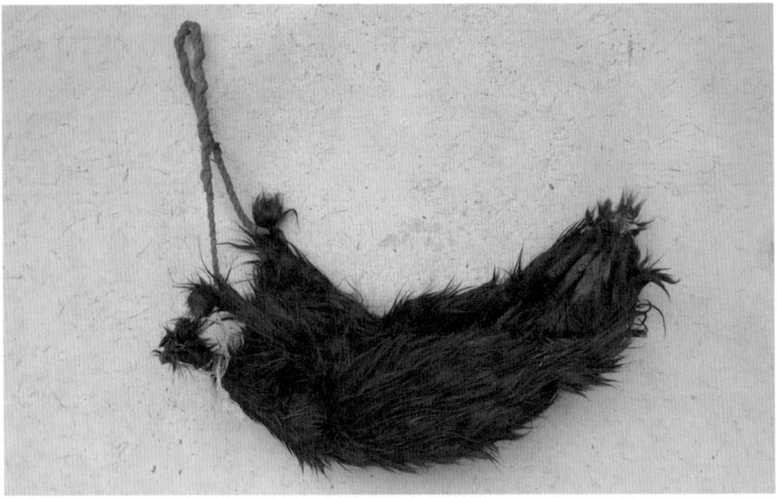

以整張公山羊皮製成的羊皮水袋。

袋清洗乾淨，重新裝滿水，好喝上一口從羊皮水袋倒出來的水的滋味，而且紛紛對於羊皮水袋能在炎熱酷夏中保有水的清涼讚賞不已，還不忘七嘴八舌地告訴我，貝桑媽媽如何用神奇的羊皮水袋做出超好吃的乾乳酪。

值得一提的是，關於起司的起源，維基百科這樣寫道：「相傳起司起源於阿拉伯。約在六千年前，阿拉伯人將牛奶和羊奶放入皮革器皿中，做為旅途解渴之用，繫於駱駝側。在豔陽高照的沙漠上顛簸行走數小時後，卻發現袋內的羊奶已分成兩層，一層透明狀的乳清及白塊凝脂。原來皮革器皿中含有類似凝乳酶的酵素，加上旅途顛簸搖盪及被太

去毛的羊皮水袋可裝水與牛奶，也是遊牧民族製造乳酪的器皿，在摩洛哥已是相當罕見的古董。

陽高溫照射，乳液隨之發酵，形成半固體狀態，最初的起司就這樣誕生。」＊

雖然無法確知這是否真是乳酪的起源，文中「皮革器皿」應與羊皮水袋相當類似。在撒哈拉，羊皮水袋的確用於儲存牛奶與製作發酵乳品，有些婦女會以剃刀細細刮去羊皮上的毛，專門用來儲存奶類。

製作乳製品時，先在地面立三根木頭，成三角錐狀，將牛乳、羊乳或駱駝乳燒熱，倒入羊皮水袋，掛在木製三角錐上，前後搖晃以攪動袋內乳品，爾後懸空擱置，接連數天重複相同程序，即可製作出乳酪、優格與發酵乳等。

由於以羊皮水袋製作乳酪的程序相當繁瑣耗時，進入現代社會後，購物便利，就算是遊牧民族多半也不再自製乳酪，取而代之的是便宜又方便的「微笑的乳牛」（La Vache qui rit），目前僅老一輩保有自製乳酪的知識與技巧，我嘗過貝桑媽媽以羊皮水袋製作的乾乳酪，風味的確是特殊又濃郁。

傳統精緻皮件

以整張未脫毛的羊皮製成的羊皮水袋看似粗獷原始，卻是北非先民善用物資、適應環境的生活智慧，在西撒、茅利塔尼亞與阿爾及利亞一帶，亦存在以整張獸皮製成的傳

＊詳見維基百科〈起司〉：
https://zh.wikipedia.org/wiki/%E4%B9%BE%E9%85%AA

統精緻皮件。

這類精緻皮件會去毛，上有彩繪，做工繁複，傳統由女性負責，主要使用羊皮或駱駝皮，需將整張獸皮的毛與脂肪一一去除，反覆揉洗，染色並彩繪精緻圖案，耗費數個工作天才能完成。

貝桑媽媽早年在沙漠生活，擅長揉洗、自製皮革，但表層彩繪則需一定技術與美感，多半交由專人處理。

我收藏了一件已有數十年歷史的古董皮革，當地稱為「塔比亞」（tabia）或「塔蘇法」（tassoufra），判斷應是早年用小型蹬羚的皮革製成，質地遠比羊皮更加細緻柔軟，表面上有些許細毛。袋子開口端綴有兩球鬚狀物，為頸部及兩隻前腳，另一端則有三球鬚狀物，為兩隻後腳及尾巴。整張皮革質地既柔軟又輕盈，與羊皮水袋截然不同，可用來收藏珠寶首飾，或在裡面塞入破布與棉花當枕頭，而且雖已經過數十年，皮革狀況依然良好。

撒拉威特有精緻手工皮革「塔比亞」，由完整蹬羚皮製成。

這種整張獸皮製成的傳統皮件如今已相當少見，由於做工繁瑣、需一定技巧與豐富經驗，市場又極度萎縮，目前僅少數撒拉威婦女仍保有此項傳統技藝，摩洛哥政府雖試圖將之觀光商品化，成效卻相當有限。

貝桑媽媽曾有一件蹬羚做的大型皮件，據說長度超過一百二十公分，是她結婚時從娘家帶來的。這只誰都不知有多少年歷史的皮件柔軟耐用又輕盈，表層繪有美麗的撒拉威圖案，一頭縫底，另一頭以皮繩封口，貝桑媽媽相當喜歡，把珍貴家當全往裡頭塞，長年跟著全家在沙漠四處遊牧、遷徙。

氣候變遷下，沙漠乾旱不止，大地長不出足夠水草餵羊，貝桑全家生活愈形捉襟見肘，約莫十年前，恰巧有摩洛哥商人前來蒐購遊牧民族舊物，再轉手高價賣到國外，當時家裡急需現金，即便不捨，貝桑媽媽依然把嫁妝拿了出來，幾經議價，近乎哀求，裝載整個家族回憶的古老蹬羚皮件只賣了不到臺幣兩千五百塊。

遊牧民族因氣候變遷與沙漠乾旱而失去的，豈止是幾頭羊與傳統的遊牧經濟形態？

十年過去，提及此事，貝桑媽媽態度相當淡然，彷彿那張因家貧而賣掉的祖傳皮件與所有物質存在之於她，不過天邊雲彩來來去去，最重要的是她的親族血脈能好好地活下去，好好地在一起。

皮風箱。

皮風箱又稱鼓風器，同樣是三毛用來裝飾家中的物件之一*，摩洛哥人與撒拉威人稱為 rabouz。

皮風箱在人類歷史上存在已久，可用來將新鮮空氣緩緩送進炭火裡，方便生火，由木頭及皮革製成，一頭為尖尖的噴嘴，中間圓胖風袋。精緻的皮風箱往往綴有金屬圓扣、貝殼甚或獸骨，特大型或精雕細琢的皮風箱則為室內裝飾之用，不僅是讓摩洛哥人自豪的傳統手工藝品，也漸漸成為觀光客喜愛的旅遊必買紀念品。

在北非，皮風箱的使用相當廣泛，是專業打鐵店不可或缺的設備。古城梅克內斯（Meknes）的達爾賈邁博物館（Le Musée Dar Jamaï）建於一八八二年，為舊時富豪住宅，宅邸內的打鐵鋪即備有大型皮風箱，爐火熱度除了提供打鐵，更做為富豪澡堂熱水使用。今日皮風箱早不再使用，狀況依然良好。

*詳見〈白手成家〉

另一方面，皮風箱深入庶民生活，尤其用於家庭烹飪與煮茶。二十世紀初的比利時畫家莫羅（Max Moreau）一九四九年的油畫《摩洛哥烹飪》（*La cuisine marocaine*）中，一位老婦神情安詳地坐在廚房裡清理食材，廚房角落放置陶爐，上置水壺，旁邊一只皮風箱，如實呈現摩洛哥廚藝生活。

莫羅於一九二九年首度前往突尼西亞旅行，對爾後創作有了深刻啟發。二次大戰後，一九四七年，他與妻子於摩洛哥馬拉喀什居住長達三年，畫下了大量北非人物肖像與庶民生活場景，畫風寫實柔美，留有許多相關作品。

打鐵鋪專用的大型皮風箱。（出處：維基百科）

踏進二十一世紀，摩洛哥家家戶戶早已備有瓦斯爐，皮風箱在鄉村與沙漠地帶卻依然常見，不少偏鄉與沙漠家庭即使在城裡定居，仍然偏愛以炭火爐子等傳統方式來烹調。以撒拉威家庭為例，就算住在水泥磚塊的樓房裡，女性還是保有以炭火慢慢煮茶的沙漠傳統。對撒拉威人來說，炭火煮出來的甜茶帶著焦糖香氛，完全是瓦斯爐煮不出來的風韻，慢條斯理一邊煮茶一邊與親人或賓客聊天更是每日生活一大樂趣，也讓小型皮風箱成為煮茶時控制火候不可或缺的工具。

過往物資不豐的年代裡，若逢宰牲節這種全家可大啖羊肉的難得機會，家中出現大量新鮮羊肉、羊肝與羊心等內臟，皮風箱更是不可或缺的烤肉工具。尤其宰牲節後連續數天，親族相互拜訪，共享羊肉與甜茶，家族女性往往從早到晚在炭爐邊忙著，或煮茶，或烤肉，皮風箱自然也在女人手裡一開一合地忙碌著。

今日在摩洛哥境內流通的皮風箱差異不大，材質多為木頭與皮革，以大紅色居多。西撒的傳統皮風箱雖然功能與造型相同，裝飾卻自有其獨特風格。

典型西撒皮風箱有以下幾個特徵：一、以金屬為主要材質；二、造型為圓形；三、皮風箱表層裝飾花紋為手工雕刻，以線條、格子與網狀為紋，三角形、方形、菱形等幾何圖案反覆出現。

這種裝飾為典型西撒風格，有時也被稱為圖瓦雷格風，可見於西撒、茅利塔尼亞、馬利、尼日與阿爾及利亞沙漠地帶的遊牧民族部落，廣泛使用於首飾等手工藝品，黑那彩繪的風格亦然。今日西撒金工師傅製作的首飾，依然可見此風格。

只可惜年代久遠且缺乏資料，無法確知三毛當年皮風箱是何種樣貌。

我在舊市集偶然購入一個來自西撒的古董皮風箱，特出之處在於用廢棄鍋底製成，沙漠中的遊牧民族愛惜物資，一只鍋子即使壞掉都捨不得丟，而是將之改造成其他用具。這只皮風箱的底是金屬鍋底，另外再做了

古董皮風箱，據信出自柏柏爾猶太工匠之手，主體材質為木頭、皮革與金屬，並以獸骨或象牙排出大衛星（六芒星）為裝飾。

撒拉威傳統皮風箱。

表層裝飾紋路為手工雕刻，常見三角形與格子網狀等設計。

一只相同大小的圓蓋，材質或為錫，中間以廢棄輪胎的內胎將兩只圓形物黏合，再釘上錫柄，用來送風的長嘴為銅製。

五個圓形凸出物深咖啡色部分為烏木，這種裝飾風格可見於撒拉威人的首飾、刀柄等手工藝品與器具。

水煙壺。

三毛在〈白手成家〉提到她收藏了一只水煙壺來布置西撒的家。

水煙壺（chicha）常見於中東及北非，一般稱為「阿拉伯水煙」，色彩亮麗的玻璃瓶與長長煙管在視覺上就已是一場繽紛享受，抽水煙時雲霧裊裊，帶有薄荷或果香的煙味在空間裡繚繞，更是讓人放鬆自在，至今也依然是阿拉伯式慵懶、享受與休閒的象徵符號。

水煙與菸草

水煙的起源不詳，有人認為來自印度，但在摩洛哥較被接受的說法是起源於十五世紀的波斯，當時的物理學家艾布法吉拉尼（Abu'l-Fath Gilani）發明了這種用水來冷卻並淨化煙霧的抽菸方式。

在摩洛哥民間，水煙象徵阿拉伯式的慵懶享受，往往與「東方埃及」意象連結在一起，普及率不似外人想像中高，並非家庭必備品，價格低廉且隨手可得的香菸依然最為常見，另種選擇則是含在嘴裡的菸草。

據媒體《生態生活》（*La Vie Eco*）報導，二〇二〇年，摩洛哥共消耗七點五九億包香菸，民間亦偶爾吸食北部里夫山區生產的大麻。我認識的摩洛哥男性多半是菸草消費者，沒人家中備有水煙壺，對偏鄉與沙漠地帶的居民來說，「水煙比較是埃及人的東西」。

比起菸草，水煙需要的器具較多，需花時間準備，從裝水、擦拭水煙管、點燃木炭乃至裝好水煙，整個流程宛若一場儀式，遠不如香菸或菸草方便，卻也愈發強化了其休閒放鬆的娛樂性質，適合三五好友一塊兒到水煙館喝咖啡與茶，在煙霧裊裊中共享一壺水煙與人生大小事。另一方面，水煙味道濃郁，會在屋內停留許久，即便是水煙愛好者都寧願與朋友到水煙館享受閒散慵懶的氣氛。

相較之下，菸草可說是物資不豐的沙漠生活裡較能輕易取得的享受，不乏從十幾歲就開始抽菸的老菸槍，主要消費香菸與菸草，水煙在沙漠並不普及。

只不過若像是我們居住的梅如卡，一個經濟上極度仰賴觀光產業的沙漠聚落，觀光用品店仍可見水煙壺販售，又或者貝桑三哥在拉力賽期間前往營區附近搭帳篷、做生意，也會帶水煙去吸引潛在顧客。

追尋三毛足跡走訪西撒時，我遇見了一位撒拉威菸草達人，他說水煙器具多，不適合時常得追尋水草而遷徙的遊牧生活，撒拉威人較常見的是用短短的菸管吸食菸草，甚至有專門裝菸管、菸草與火柴盒的小皮袋（參考二〇二頁照片）。

說著說著，達人眨眨眼，意有所指地說：「現在確實愈來愈多人抽水煙，看起來很時尚，但還是略嫌娘娘腔了點兒，北部里夫山區生產的大麻品質很不錯，有男子氣概多了……」

東方主義與抽水煙的毛毛蟲

阿拉伯水煙慵懶、放鬆且充滿異國情調的異想與意象，在十九世紀歐洲的東方主義畫作中可謂獲得了完美發揮，不少畫家在呈現「東方世界」的迷情與魅力時，往往將水煙壺入畫，以呈現阿拉伯式的慵懶閒散。

在諸多東方主義畫家裡，法國藝術家傑洛姆（Jean-Léon Gérôme）產量豐富且不乏傳世之作。他曾於一八五四年前往土耳其旅遊，一八五七年造訪埃及，對「東方」留下深刻印象，不時以阿拉伯的東方世界做為創作主題。傑洛姆擅長歷史故事的描繪，並在創作前進行嚴謹的史料考據。他的畫作中數度出現水煙壺，可見水煙壺在阿拉伯世界的普遍性。而對歐洲觀者來說，水煙壺同樣具有一定程度的阿拉伯文化代表性。

值得一提的是，光是傑洛姆畫中出現的水煙壺就有好幾種形式，且以金屬壺裝水，與現今慣用的玻璃壺不同。

水煙壺在歐洲東方主義畫作出現的場景，即便主要人物為男性，多為休息放鬆時刻，畫中若同時出現水煙壺與女性，場景則往往是引發遐想的

傑洛姆畫作《Arnaut Smoking》，一八六五年。

古董手工銅製水煙壺，中間可旋開，易於裝水與清理，木炭置於頂端。壺身嬌小堅固，輕巧且易於攜帶。

阿拉伯後宮（harem）或澡堂（hammam），女性或坐或臥，酥胸半裸，閒散、慵懶、孱弱，滿是情慾且近乎敗德。

然而，藝術並非事實的完整呈現，而是創作者加入一己觀點與想像的「再現」，尤其是東方主義畫作不乏為了滿足歐洲殖民者對阿拉伯世界「偷窺式的想像」，偏離真實，一如出身巴勒斯坦的美國學者薩伊德（Edward Wadie Said）的批評，西方人往往依據自己的刻板印象來想像東方，筆下的東方往往是弱化的「他者」，以凸顯理性而強悍的西方。

雖然相對於當時的畫家，傑洛姆做了較多考據，同時也是那個時代少數親自走訪阿拉伯世界的畫家，畫作中仍然難免帶有歐洲殖民者視角。薩伊德名著《東方主義》出版時，便曾以傑洛姆名畫《弄蛇人》（*Snake Charmer*）當作書封。

在廣義的東方主義脈絡裡，「阿拉伯」可以是暴力、衝突、非理性、耽溺、淫邪與墮落的象徵，卻也可以帶著神祕、詭譎、直覺、古老與智慧的隱喻。

英國作家卡羅爾（Lewis Carroll）的世界名著《愛麗絲夢遊仙境》裡有一隻在蘑菇上抽水煙的藍色毛毛蟲（The Caterpillar），數度逼問愛麗絲「妳是誰」，遙遙呼應古希臘聖地德爾菲（Delphes）阿波羅神殿的三句箴言之一，同時也是最有名的一句——認識

一九五一年的迪士尼電影《愛麗絲夢遊仙境》

你自己，並向愛麗絲揭露吃下蘑菇可調整身體大小的祕密。

《愛麗絲夢遊仙境》往後衍生出了繪圖、動畫、電影與芭蕾舞等各種藝術形式的演繹。一九五一年迪士尼電影裡那隻言語看似無厘頭的藍色毛毛蟲不僅閒散慵懶地抽著水煙，甚至穿著阿拉伯式的尖頭鞋。

英國皇家芭蕾舞團（The Royal Ballet）二〇一一年推出了《愛麗絲夢遊仙境》芭蕾舞劇，其中的毛毛蟲一角由非裔血統的男舞者詮釋，女舞群身著兩截式舞衣，露出腹部，頭戴薄紗與亮片綴飾，腹部亦圍一圈亮片，亦即大眾流行文化裡的「肚皮舞孃」裝扮。非裔男舞者留著落腮鬍，裸露上身，頭戴綴有亮片及羽毛的印度帽，身著寬褲子，腹部亦有亮片綴飾，符合東方主義脈絡裡的肚皮舞意象。連帶在音樂裡，多了些神祕詭譎的氣氛，甚以東方情調的鼓聲與節奏做開場。

這樣的鋪排，全演繹自原著裡那隻藍色毛毛蟲的「水煙」。

水煙與性別

若說之於歐美，水煙帶著阿拉伯式的迷情與慵懶，對生活在阿拉伯／穆斯林文化圈裡的人們來說，水煙可有著更為複雜、多樣甚至相互衝突的意涵。

二〇一一年，英國皇家芭蕾舞團《愛麗絲夢遊仙境》芭蕾舞劇在傳統社會裡，吸菸向來被視為男性專利，近年雖有愈來愈多年輕女性不避諱地在公開場合抽菸，以此做為女性獨立自主的宣告，卻往往引人側目。

我們村子梅如卡是歐洲多項拉力賽必經的其中一站，和貝桑結婚前，有回恰巧遇到拉力賽在梅如卡紮營，貝桑三哥特地帶了水煙前往選手過夜的營區旁搭帳篷販賣觀光用品，希望以煙霧裊裊且香氣迷人的氛圍，吸引歐洲年輕人走進帳篷，悠閒地坐下來抽個兩口，天南地北閒聊中，交交朋友，或許有機會做點小生意。當時貝桑不但帶我去見識拉力賽盛況，還走進三哥的帳篷，跟所有人共享一壺水煙，甚至鼓勵不抽菸的我嘗試一下水煙的滋味。

結婚後，貝桑態度丕變，水煙忽然成了敗德的罪惡品，女人更是碰不得。有回接待臺灣旅行社的客人在我們民宿晚膳，領隊問能不能提供水煙讓客人體驗，我答應了，貝桑卻一臉為難，堅持水煙不能在沙龍裡抽，只能在院子的帳篷裡享用，還告誡我絕對不能碰，抽了很可能就上不了天堂！

據我觀察，有國際觀光客前往消費的水煙館（bars à chicha）裝潢豪華舒適，色彩繽紛絢爛，多半也提供酒精，消費族群較無性別差異。傳統社區型水煙館則以摩洛哥當地人為主要消費族群，隱密性高，僅販售茶與咖啡，無酒精飲品。

近年漸漸出現帶有西方流行色彩的現代水煙館，大聲播放重金屬流行音樂，消費者以年輕男性為主。由於普遍來說摩洛哥女性依然不被鼓勵消費菸草，自然讓水煙近乎成了專屬男性的愛好，帶有男性威嚴的意涵，一旦女性同樣拿起水煙，或被視為懶惰、淫蕩與敗德，抑或帶有獨立自主的女性解放新意象。

而在公眾場合拿起水煙，挑戰男權，宣告女性自由不羈的知名人物，當屬埃及國寶級舞星菲菲·阿卜杜（Fifi Abdou）。

菲菲·阿卜杜堪稱「鄉村女孩」代表，所受教育不多，傳聞不識字，十三歲就加入舞團，曾參與數部埃及電影演出，活躍於二十世紀八〇與九〇年代，她的舞蹈以即興見長，動作變化不大，卻相當有力、柔軟又自然，在舞臺上的存在感極為強大，肢體律動裡滿是土地與女性的力量，深受民眾喜愛，但其大膽、綻放且自由地在舞蹈中展現女性力量的獨特風格，卻也讓她飽受伊斯蘭保守分子抨擊。

菲菲·阿卜杜最著名的表演之一便是將埃及常見的水煙入舞，也是第一位將水煙入舞的舞者。眾目睽睽下，只見她不僅在舞臺上大方享受水煙的美妙，甚至帶著水煙嘴翩翩起舞，並由男性幫她端著水煙壺到處跑。藝術獨創性與公然挑釁男性威權的意圖讓這段舞蹈不僅是演出，更具有性別、文化與藝術上的特殊價值，至今仍讓人津津樂道。

菲菲·阿卜杜早年以水煙壺入舞的演出片段，
水煙壺約從兩分四十秒開始出現。

對摩洛哥人來說，水煙的意涵是豐富甚至是相互矛盾的，既古老懷舊，又時尚新穎，既象徵阿拉伯式的慵懶享受，卻又是不曾前往的遙遠東方埃及。

這幾年水煙館在摩洛哥各大城有快速增加的趨勢，消費年齡層下降，愈形年輕化。摩洛哥政府態度曖昧，法律並未明確允許或禁止在公共場合吸食水煙，但水煙味道濃郁，久久不散，水煙館營業至深夜，易有噪音甚或聚眾滋事，暗藏酒精、毒品與賣淫等不法交易，引起附近居民抗議，警察亦不時前往水煙館臨檢甚至取締不法事宜。

二〇二〇年三月，COVID-19 在摩洛哥爆發，在長達數個月的封城鎖國之後，持續維持國家健康緊急狀態，施行宵禁，卻數度發生民眾在私宅或水煙館群聚抽水煙，違反規定，因而被警方逮捕並沒收水煙壺的案件，雖然被警方取締的原因並非水煙吸食，卻也強化了水煙「敗德」、「墮落」與「罪惡」的負面形象。

由於水煙牽涉到龐大複雜的商業利益，且深受外國觀光客喜愛，摩洛哥政府不太可能明文禁止。

沙漠玫瑰。

三毛的收藏品包含了沙漠玫瑰（rose de sables），這並不是植物，而是「奇形怪狀的風沙聚合的石頭」＊。

沙漠玫瑰多存在於已蒸發乾涸的沙漠鹽湖或鹽盆，含有大量砂粒石膏（gypsum）或重晶石（barite）的共生結晶體在風吹雨打日晒等自然作用力中，生成了宛如玫瑰綻放般的一片片花瓣，因而得名。沙漠玫瑰大小不一，且沒有任何兩顆一模一樣，向來是深受喜愛的觀賞石，但其硬度低，容易因碰撞而損毀。

如今仍可在摩洛哥的觀光紀念品店購得沙漠玫瑰，消費族群以國際觀光客為主，國內雖有生產，數量不多，據信有些沙漠玫瑰可能來自鄰近的阿爾及利亞與突尼西亞。

事實上，撒哈拉沙漠蘊藏豐富的古生物化石，三毛筆下的西撒常見貝殼類化石，梅如卡一帶較常見的則是菊石類化石，打磨加工後即成可販售的商品。相對來說，沙漠玫

＊詳見〈白手成家〉

瑰多來自外地。

COVID-19疫情期間，觀光客瞬間消失，梅如卡可說全村失業，貝桑在家待得無聊，跑到空曠無人的岩山透透氣，竟發現地上散落一堆奇異化石，雖然破碎，仍可研判出自獸骨、牙齒或角的化石，以及些許木化石。

其中最奇特的一顆，獸骨化石裡竟藏著沙漠玫瑰！雖因風化作用而有所磨損，依然相當美麗。由於每顆沙漠玫瑰皆為自然生成，我詢問多人，仍不知生成原理。

有意思的是，摩洛哥人雖非沙漠玫瑰礦石的主要消費者，但因「沙漠玫瑰」名字優美，礦石形狀特出，被

每顆沙漠玫瑰皆獨一無二，各有姿態與特色，宛若每個靈魂。

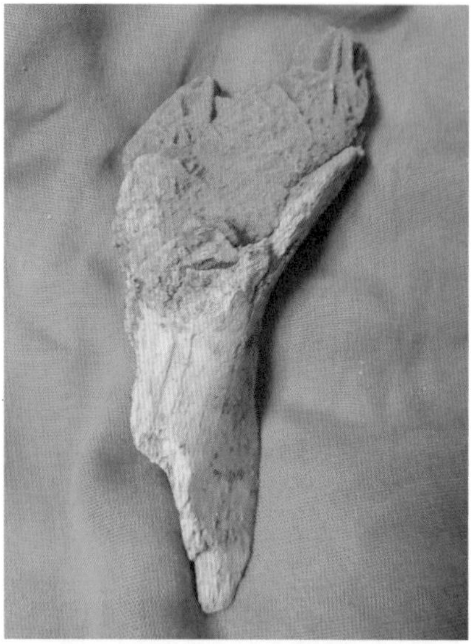

意外獲得的極特殊沙漠玫瑰，是我至今所見唯一一顆獸骨化石與沙漠玫瑰的混合體。

摩洛哥甜點 chebbakiya，暱稱「沙漠玫瑰」。

暱稱為「沙漠玫瑰」的甜食就有兩種。一種是摩洛哥甜點 chebbakiya，常見於齋戒月或婚禮節慶時，另一種是在玉米片上澆淋巧克力的法式甜點，兩種甜點的外型皆形似「沙漠玫瑰」礦石。

另一方面，「沙漠玫瑰」一詞更代表著自信、歡愉、健康、強悍且接近大自然的女性力量。

專門辦理國際越野拉力賽事的法國組織 DESERTOURS 自二〇〇一年開辦的女性拉力賽即以「沙漠玫瑰」（le Trophée Roses des Sables）為名，賽期訂於每年十月，賽程約八到十三天，從法國出發，穿越西班牙，抵達摩洛哥，直奔沙漠，分別以四輪傳動吉普車、沙灘車與越野摩托車等交通工具，挑戰各種沙漠地形。

我住的梅如卡是其中一站，每逢賽事期間可見粉紅色賽車在沙丘一帶馳騁，欣賞自信快樂又精力充沛的女性賽車手身影，有趣之餘，也為沙漠經濟帶來不小挹注。

「沙漠玫瑰」的意象是女性的，悠遠遼闊如沙漠，神祕而飄渺，捉摸不定卻又引人遐想。英國流行音樂巨星史汀（Sting）與阿爾及利亞裔 Rai 歌手切布．瑪密（Cheb Mami）一九九九年合作的〈Desert Rose〉可說把這個意象發揮到了極致。

曲子裡巧妙運用了切布．瑪密的阿爾及利亞 Rai 獨特唱腔，聽來宛如沙漠狂風在曠

女性拉力賽「沙漠玫瑰」短片

野裡迴旋無盡，讓這首歌完美帶著迷情浪漫的異國情調，如夢似幻，是一朵真真實實綻放於沙漠且讓人無法摘取的嬌豔玫瑰，如此甜美如蜜，引人墮落，折磨人心，既是危險，也是誘惑。

可以說，雖然〈Desert Rose〉的主要創作與演唱者是史汀，但若沒有切布・瑪密的獨特嗓音，這首曲子便無法營造沙漠給人的異國情調與「東方」的神祕浪漫想像，也無法如此特出。

〈Desert Rose〉MV

手織掛氈。

三毛在〈第一張床罩〉裡寫著，沙漠風沙大，需要床罩來保護床單，以免晚上就像睡在沙地上。婚後三個月，她逛起「回教人的小店」，尋找手織掛氈，但多數使用過多鮮紅色，不愛，直到有天前往一位沙漠朋友家裡喝茶，發現一張美麗的氈子，據說是「祖母時代的陪嫁，只有客人來了才拿出來的」，她聰明地用了些伎倆，順利買下這只掛氈。

根據《永遠的寶貝》書中照片，可發現三毛筆下的「手織掛氈」即是北非常見的羊毛手織地毯，是一種專屬於女性的工藝品，可鋪在地上或掛在牆上當裝飾，三毛則買來當床罩。

手織地毯是非常重要且典型的北非柏柏爾傳統女性手工藝品，可當地毯、披肩、被子，甚至做成背包與抱枕，不一而足。編織繁複精密的地毯除了是傳統藝術品，更是婚嫁時送給新嫁娘的最佳祝福與禮物。

亞特拉斯山區某些柏柏爾部落中，年輕女性訂婚後礙於傳統，無法對未婚夫一訴衷情，往往以手織地毯化作情書，相贈未來夫婿，一來展現靈巧手藝與賢淑內涵，二來表達情意。正因如此，許多精美繁複的地毯多半用於婚禮，三毛說向友人購得的手織地氈是「祖母時代的陪嫁」，確實不無可能。

手織地毯工具與天然植物染

從早期的歐洲畫作裡會發現，今日尚存的地毯編織方式幾乎與過往完全相同。

傳統社會所有日常生活用具皆以自然材質，純手工製作而成。從古至今，羊隻都是北非許多人家最重要的資產與經濟來源，遊牧民族擅長以羊毛、駱駝毛及龍舌蘭纖維來編織，一張織物，從剪羊毛、梳理、清洗、染色、揉捻成線，再到手織成作品，皆由家族女性協力合作而成，不假他人之手。

一般來說，編織地毯的工具主要有三個：羊毛刷、錘紡與編織專用鐵梳「妹格哈斯」（medghas）。

剪下地毯的素材羊毛後，必須先以羊毛刷來回整理。羊毛刷由兩片木頭組成，上面黏有金屬刷，接連木柄。婦女會將剪下的羊毛放在鋼刷上，來回爬梳。

有趣的是，北非常見的羊毛刷，與歐洲早年處理羊毛的工具竟然完全相同，使用方式也非常類似。

羊毛以羊毛刷處理過後，接下來得用雙手細心地將羊毛整理成毛線，捲在錘紡上，再捲成毛線球，準備編織。

錘紡為一根木頭，在偏鄉與沙漠中，有時會把毛線簡單地捲在木棍或竹子上，不另外購買錘紡。

正式編織時，先以數根木棍架起編織機，將棉線或毛線來回垂直地纏繞在上面，做為「底」，再將有色毛線平行地前後穿進直線裡，最後以專門用來編織地毯的鐵梳妹格哈斯梳理並夯實。妹格哈斯頗有重量，這樣不用過度使力便能將直線與橫線夯實，緊密連結，成就一張美麗地毯。

早年的妹格哈斯多半以幾何線條簡單裝飾，帶有獨特的柏柏爾風情，現今雖然依然可在市集裡購得妹格哈斯，但多半已無裝飾。

手織地毯材質為純天然羊毛或駱駝毛，顏色則來自植物染，顏色可以保存相當久，且各家女性有自己的配方，深受喜愛的紅色常見於各種織物。

處理羊毛短片

內側附有金屬刷的羊毛刷。

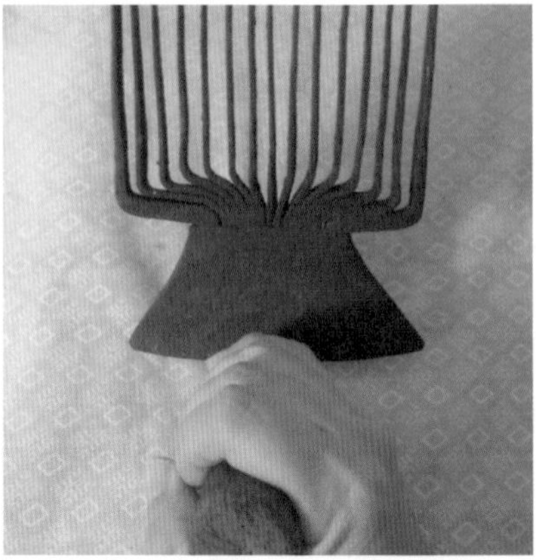

我收藏的妹格哈斯已有百年歷史。

傳統編織架，相當簡單。

早期妹格哈斯多半以幾何線條裝飾。

由於是天然植物染，即使風吹日晒雨淋且長期使用，地毯依舊不易損壞。最佳明證就是三毛那張地毯在成為床罩前已多次使用，是「祖母時代的陪嫁」，年代久遠，再加上「只有客人來了才拿出來」，在不常使用又妥善保存的情況下，仍然保有鮮豔亮麗的色澤。

此外，純植物染的地毯歷經多年風吹雨打日晒，顏色即使改變，也是轉為古樸溫暖的色調，將時間的沉澱留在毯子上，是另一種美麗。古董地毯與新織地毯，魅力不甚相同。

符號裡的訊息

從《永遠的寶貝》書中照片判斷，三毛的地毯比較接近柏柏爾風格，織法細膩，上頭反覆出現的菱形圖案尤其含藏深意。

目前所謂西撒的撒拉威人裡，少部分為柏柏爾族，多數為來自阿拉伯半島的貝都因族。柏柏爾人是北非第一批住民，或遊牧遷徙，或農耕定居，有些在城裡經商。

以目前北非傳統手工地毯來說，以亞特拉斯山脈的柏柏爾族工藝為優，市面流通的地毯多半出自柏柏爾婦女之手，圖案繁複且做工精緻。長年遊牧的貝都因族，其手織品的藝術性與繁複性，稍不及已在山區定居的柏柏爾族。

柏柏爾族擁有一套獨特的象徵與符號系統，應是早期柏柏爾書寫系統的遺留，靈活運用在地毯、刺青與建築裡，含藏的訊息泰半關乎生育、巫術、超自然世界及邪惡之眼，整體意義不脫離「護生」，時而記錄自然環境與日常生活，甚至可能是一封情書。

其中，菱形圖案出現頻率極高，有時以上下兩個三角形組成，多半象徵生育；圖案若以菱形或三角形（即半個菱形）連續接成，或象徵「邪惡之眼」，或生命循環不息的延續性。

五十年歷史以上的古董地毯，植物染的顏色在歲月淘洗後化作溫潤質樸的色調。

不乏藝術等級的柏柏爾手織地毯，精緻高雅且獨一無二。

有時菱形面積較大，上有繁複格子花紋，則為亞特拉斯山獅子爪印的圖騰，象徵著力量與富庶，如同「邪惡之眼」的意義，具有不受阻邪惡力量，保護生命的意義。

中東與北非伊斯蘭國家深信人的忌妒將產生「邪惡之眼」，帶來危害，民間因此出現許多「邪惡之眼」工藝品，道理類似以毒攻毒，反彈邪惡的能量，保護自己不受傷害。而在柏柏爾地毯裡的展現，便是菱形圖案。

與「邪惡之眼」信仰相關的造型，另有「法蒂瑪之手」，功能與意義相同。

亞特拉斯山脈的柏柏爾手織地毯，配色與織工皆相當特殊精緻。

柏柏爾地毯上的幾何符號泰半關乎生育、巫術、超自然世界及邪惡之眼。

三毛的柏柏爾地毯

三毛這幀典型的柏柏爾圖騰地毯顏色以黑色及綠色為底色，綴之以白、藍、紅及黃等色，皆為正色。黑與白色應為羊毛原色，亞特拉斯山谷種植大片靛藍植物，可將白色羊毛染成藍色，金蓮花則可將羊毛染成黃色，茜草等數種野生植物的根部則帶來了紅色等。

對柏柏爾人來說，每種顏色各有象徵意義，黑色是負面的，象徵邪惡之眼；白色帶來幸運，常在儀式裡使用；黃色具有預防災難的神奇魔力；綠色代表繁榮昌盛；藍色預防邪惡之眼危害；紅色具有療癒等神奇效果。

地毯的圖案則以菱形及三角形為主，菱形一般意喻邪惡之眼，較小的菱形代表生育，較大且花紋繁複的菱形則可能代表亞特拉斯獅的獅掌，含藏的共同意喻皆是「護生」，對原住民來說，若能阻擋邪惡力量，不受邪靈侵擾，生命自然生生不息。

地毯正中央有一小塊黑白交錯的紋路，同樣是柏柏爾編織工藝的典型展現，至今依然盛行。地毯的上方與下方有一排三角形相連的圖案，可視為「半菱形」來詮釋，意涵同樣是「護生」，但因未完整（三角形是菱形的一半）且相連，帶出「連綿無盡」的訊息。也可將三角形視為山的隱喻，峰峰相連如蜿蜒起伏的亞特拉斯山。藍色與白色交織成的壓線，則可象徵山谷間的涓涓溪水。

民間自用地毯

摩洛哥民間常見的還有一種回收環保地毯，多半為手作者自家使用。不論鄉間或沙漠，無論柏柏爾或貝都因族婦女，皆可見環保地毯的製作。

早期物資匱乏，所有物品皆可回收、再利用，婦女捨不得丟棄破舊毛衣，往往將毛線慢慢拆下來，捲成毛線球，重新編織成地毯。由於毛線來自回收舊毛衣，多半褪色且多有磨損，織成地毯後以自用為主，較少對外販售。

撒拉威環保地毯無繁複設計與圖案，織法簡單且重複性高，自家使用。

典型撒拉威女性手織物相對簡單，無複雜圖案。此件織物已有五十年歷史，顏色依舊鮮豔。

至於織法，仍以柏柏爾婦女手工藝為優，不僅有能力自行為毛線染色，技巧純熟，圖案多樣且蘊藏文化意義。相較之下，貝都因族的編織技法相當簡單，雖然圖案與柏柏爾圖騰形似，但簡化很多，顏色亦較單調，多為毛線原色，也無力將毛線染色來尋求更多樣的色彩變化，配色方面也較不講究。

如是之故，貝都因族婦女的手織地毯多半以自家使用為主，市面流通的多半是精緻優美的柏柏爾地毯。

撒哈拉兩種鞋。

在三毛文字裡，「沙漠的鞋子」出現過兩種，一是姑卡「一雙黑黑髒髒的尖頭沙漠鞋」＊，二是搭便車的撒拉威老人情急之下拿來拚命敲荷西的「硬幫幫的沙漠鞋」†。三毛並未多做描述，但光從鞋子的種類即知沙漠生活的不同面向。

尖頭平底拖鞋

姑卡那雙被三毛稱之為「尖頭沙漠鞋」，就是阿拉伯／伊斯蘭世界常見的尖頭平底拖鞋（babouches）。babouches 來自波斯語 papush，最早出現於西元三世紀，以平底、無跟、包住腳趾且皮革製為特色，柔軟舒適，腳踝可露或不露出，今日在摩洛哥各地依然相當常見，甚至被視為經典摩洛哥鞋。千年古城菲斯的古老皮革染坊現今持續製作軟底皮革平底鞋，深受國際觀光客喜愛。

＊詳見〈芳鄰〉
†詳見〈搭車客〉

雖然三毛以「黑黑髒髒」形容姑卡的鞋，許多尖頭平底拖鞋可是精緻無比的手工藝品，以珍貴番紅花染出高雅的鵝黃色皮革，甚至繡上金線銀線為裝飾者，皆而有之。十九世紀東方主義畫作中，西方畫家描繪東方女子在裝潢華麗的屋舍裡悠閒歇息，總不忘以一雙精緻優雅的尖頭平底拖鞋點出某種雅致富裕的異國情調。

尖頭平底拖鞋今日仍是摩洛哥常見的平民鞋款，形式多樣。男鞋多半素面，或加上簡單綴飾，女鞋變化豐富，鞋面縫上珠珠、亮片、毛線小球，或以金銀繡線縫繡。

為了迎合現代消費者喜好，女款

摩洛哥常見的手工皮革尖頭平底拖鞋。（攝影：林子卿）

尖頭平底拖鞋如今漸朝涼鞋與高跟鞋的形式演進。婚禮等正式場合中，女性穿著的尖頭平底拖鞋除了以金色或銀色繡線裝飾鞋面，偶爾縫上白珠，有些鞋底演變成較矮的厚底鞋，有些甚至出現低矮鞋跟，和高跟鞋愈來愈像。

摩洛哥不同地區的尖頭平底拖鞋各有特色。

古城菲斯的風格較為典雅細膩，以繡線與珠珠亮片居多，甚有繁複皮雕，較不耐穿，適合室內穿著。由於鞋底為皮製，又是手工縫製，若要當成外出鞋，購買後多半會請工匠加上一層橡膠鞋底。

南部靠近亞特拉斯山與撒哈拉一帶的鞋底偏厚，腳踝處有皮革，若將皮革往下壓，尖頭平底拖鞋即成拖鞋，亦可將皮革豎起，讓整雙尖頭平底拖鞋更接近皮鞋的形式。

相對於細膩雅致的菲斯風格，柏柏爾風格的尖頭平底拖鞋粗獷、不失華麗，鞋尖較圓，可當成露出腳踝的拖鞋或包住腳踝的皮鞋穿，鞋面裝飾使用繡線，並以紅黑黃綠等正色為主，或綴有小毛球與鐵片，更顯柏柏爾特色。

總的來說，尖頭平底拖鞋不僅依然是民間常見鞋款，更是摩洛哥文化的表徵。逢重要場合，皇室若著傳統服飾，腳上往往穿著素面尖頭平底拖鞋，顏色以黃色或白色為主。

菲斯風格的男用尖頭平底拖鞋，鞋尖較尖，正黃色男鞋多為婚禮或正式場合穿。

接近南部沙漠地帶的男用尖頭平底拖鞋，鞋尖較圓，鞋底較厚，鞋跟部分的皮革可豎起或壓下。

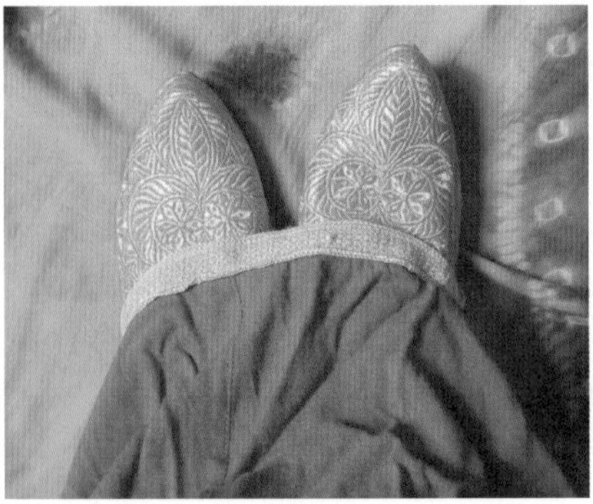

以金色或銀色繡線裝飾的女用婚禮尖頭平底拖鞋，看似低跟鞋，實則平底，鞋尖翹起。穿上正式服裝，尤其是裙尾極長的禮服 caftan 後只露出鞋尖。

南部山區與沙漠地帶的柏柏爾風格尖頭平底拖鞋，鞋尖較圓，鞋面裝飾使用繡線，以紅黑黃綠等正色為主，或綴有小毛球與鐵片。

輪胎硬底鞋

至於「硬幫幫的沙漠鞋」，又是另一種更在地的沙漠氛圍與生活場景。

在沙漠深處逐水草而居的遊牧民族不時得行走於碎石滿布的荒蕪礫漠，硬地行走，亟需耐穿耐磨的鞋子保護雙腳並顧及通風，是而老一輩遊牧民族多半穿著手工皮製涼鞋，且往往在堅硬鞋底再加一層舊輪胎。他們會請修鞋師傅依照鞋型，從舊輪胎上割下適合的形狀，以強力膠黏在鞋底，並以小釘子牢牢釘住。

硬底遊牧民族鞋與這種作法雖已因生活形態改變而大為減少，今日仍可見於摩洛哥南部沙漠地帶。

另一方面，約莫自二十世紀下半葉起，現代用品逐漸走入沙漠居民的生活，伴隨著氣候變遷而來的常態性乾旱也讓愈來愈多遊牧民族放棄逐水草而居的經濟形態，走入定居，「硬幫幫沙漠鞋」的消費需求逐漸減少，取而代之的是西式皮鞋、布鞋、塑膠涼鞋，甚至是夾腳拖鞋。

現代生活模式不同以往，製造手工輪胎硬底鞋的師傅如今逐漸減少，尚堅守崗位者嘗試將沙漠鞋「精緻化」，仍是手工皮革與輪胎硬底，但顏色更多元，鞋款則參考西方涼鞋與夾腳拖，材質甚或加入粗棉線，整體造型更有設計感。

目前在沙漠地帶的舊市集裡，依然有手工師傅回收舊輪胎，製作成各種適合沙漠使用的生活器皿，便宜又好用，消費者多為農家、牧民與礦工。當然，他們也依然提供將舊輪胎縫合在鞋底的服務，作法雖簡單，手工卻相當純熟細緻。

沙漠小城里薩尼市集的手工師傅把按照鞋型剪下的舊輪胎以強力膠黏在鞋底後，再以小釘子將舊輪胎牢牢釘入鞋底。

現代沙漠鞋逐漸走向精緻化，較有設計感，顏色較多元，也加入棉繩等。

加上舊輪胎鞋底的尖頭平底拖鞋增加了不少重量，雖耐穿卻又硬又重，反而磨腳，但從正面幾乎完全看不出來。

遊牧民族專用的手工鞋雖為皮革製，但因鞋底往往加了一層舊輪胎，又硬實又厚重。

用回收舊輪胎製成的水桶與牲畜飲水盆等。

撒拉威服飾。

三毛筆下偶爾可見對撒哈拉當地服飾的描述，著墨不多，卻頗能點出沙漠特有的人文氛圍與自然特色，三毛與荷西也曾身著當地傳統服飾，在沙丘上留下儷人倩影。

撒拉威傳統服飾相當寬鬆、通風，非常適合沙漠氣候，而且移動自如。另一方面，在撒哈拉，男女性別角色鮮明，衣著自然有著極大不同。男性穿著「達哈」（darâa），偏好藍色或白色，包頭巾；女性平時穿著包裹全身的「媚荷法」（melhfa），婚宴慶典時則有另一套傳統服飾，並於此時今日成為撒拉威人的身分與文化認同表徵。

裹住女性身軀的長布巾

撒拉威女孩子小時候身穿類似達哈的連身裙，裡面穿寬鬆長褲，成年後則披上媚荷法。

三毛在〈娃娃新娘〉裡有類似描述：「那時的姑卡梳著粗粗的辮子，穿著非洲大花的連身長裙，赤足不用面紗，也不將身體用布纏起來。」直到姑卡訂了親，「不到一個月，姑卡的裝扮也變了」，開始以長布巾包裹身體。

「非洲大花的連身長裙」就是今日北非小女孩日常穿著的寬鬆連身衣裙，訂親代表成年，以長布裹身，亦即穿上包裹全身的媚荷法。

媚荷法是一塊長約四公尺的手工植物染棉布，寬度不超過一百六十公分，有些是日常穿戴，有些專門用於節慶盛宴。傳統媚荷法以茅利塔尼亞產品為優。在長條棉布上以簡單植物染技法渲

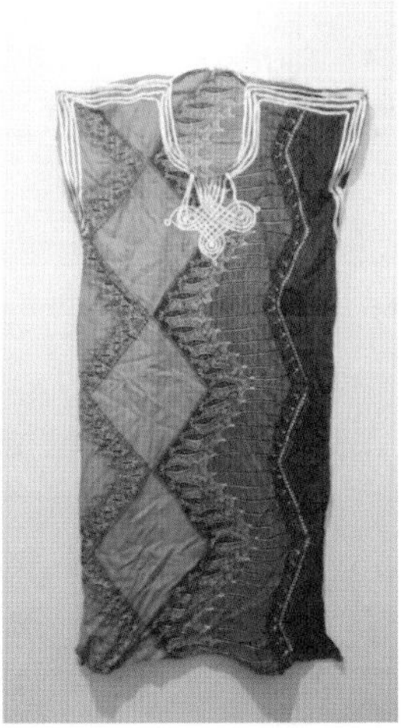

「非洲大花的連身長裙」今日依然是北非常見女性居家衣著，其實就是寬鬆的連身長裙，內搭長褲。

染繽紛雅致的色彩與圖案，用長布圍裹全身時，美麗的圖案便會巧妙落在額頭與身體正前方。

穿媚荷法時，首先得將長布一端摺出適合長度，在長的一方打上兩個小結，將長布套在身上，再將剩餘部分纏裹住頭與身體，此時可依隨各自身形調整鬆緊，最後再將頭髮塞進布裡，蓋住耳朵。若遇陌生人或風沙，則將媚荷法遮住口鼻，只露出眼睛。

進入現代社會，撒拉威女性仍然日日身披媚荷法，而且布料選擇更多樣與鮮豔，來自茅利塔尼亞的傳統手染布依舊深受喜愛，城市裡也可購得廉價的中國布料。

媚荷法是一條未經剪裁的長布巾，上有圖案。

上黑下白的女性節慶盛裝

另一套獨特的媚荷法是姑卡在婚禮時的裝扮。

三毛對姑卡婚禮的描述相當詳細，例如新娘的頭髮被編成三十幾條很細的小辮子，編入彩珠，戴上假髮，頭頂插滿發亮的假珠寶，下身穿著打了許多褶的大白裙子，上身則用黑布纏起來。

這身新娘行頭至今依舊盛行於西撒婚禮中，也是與貝桑結婚時我被打扮成的模樣。如今這套上黑下白（或上黑下淡藍）的節慶盛裝打扮已成撒拉威女性的身分表徵，高雅大度，萬種風情與滿滿的土地能量，在在是撒

撒拉威女性穿媚荷法時會技巧純熟地調整布巾，讓花紋圖案落在頭、胸與腹部。

拉威文化的尊嚴與榮耀。

另一方面，鑲著假珠寶的假髮至今依然是撒拉威新娘、參加婚宴女賓與女孩兒的裝扮。雖說是「假髮」，更精準形容應是有著各色珠珠綴飾的髮片，可在南部沙漠城市購得，屬於較高級的飾品。這種髮飾的起源不詳，卻能讓所有撒拉威人一看到就露出喜悅笑容，是一種傳統女性飾品。

我珍藏了一個有數十年歷史的古老髮飾，主要材質為皮革，做成三朵如四瓣花一樣的形狀，串在一起，上頭以手工磨過的白色貝殼、細小螺貝與綠紅兩色玻璃珠為裝飾，可戴在額頭上，這種形式目前在撒拉威髮飾裡

參加親族婚宴的小女孩也穿上黑下白的傳統服飾。

上黑衣下白裙是典型的撒拉威傳統女性服飾，被視為撒拉威女性身分表徵，常見於婚宴等場合。

仍然可以見到。

今日常見的撒拉威婚宴髮飾是將長長的假髮編成一根根極細的辮子，再以針線縫入假珠寶，如白色珠珠、貝殼狀金色塑膠片與各色小玻璃珠不等。或是以類似材質串成項鍊與手鍊，顏色多為黑、金、深黃、白、紅及綠色等典型撒拉威人偏好的配色，上頭縫有鬆緊帶，往後腦杓一套，即可將綴飾固定在額頭上，細細長長的髮辮垂落臉龐。如今此類飾品多為茅利塔尼亞進口，手工更細緻，風格更道地傳統。

對撒拉威女性來說，這幾乎是傳統婚禮必定配戴的行頭，對小女孩來

若遇陌生男性就用媚荷法遮住臉部，只露出眼睛，髮飾垂在外面。

雖都是撒哈拉沙漠的遊牧民族，柏柏爾傳統女性服飾（左）與撒拉威傳統女性服飾（右）差異極大。

說更是如此。十歲的撒拉威小女孩涵涵跟我說，有一回和媽媽去參加親戚婚禮，現場所有小女生中只有她沒有傳統髮飾，言語間除了遺憾惋惜，還有著早熟懂事的淡然豁達，以及對傳統髮飾的情感與愛戀。

由於這種髮片裝飾以當地物價來說價格偏高，又是最能代表婚宴喜慶的典型飾品，且有撒拉威女性身分認同的文化意涵，撒拉威小女孩若是獲贈髮飾，往往開心得不得了！

西班牙殖民期間，上黑下白且戴著滿頭首飾的女性裝扮就已是撒哈拉之美的象徵符碼，數度成為西班牙郵票的特殊圖案。如今，撒哈拉沙漠

由婚禮髮飾衍生的頭飾是小女生的最愛，價格相對高昂。

依然在撒哈拉市集熱賣的傳統髮飾。

南部若舉辦盛大節慶，包括宣傳在地文化與促進地方觀光的國際遊牧文化節，這套服飾依然是女人家與小女孩出席正式活動時的穿著。

二〇一九年底，祖先來自摩洛哥撒哈拉沙漠的服裝設計師諾拉·撒拉威（Nora Sahraoui）在美國邁阿密的 Xela Fashion 時裝秀裡，就讓模特兒穿上這套黑白傳統服飾，並戴上傳統假髮形式與珠寶，脖子上甚至戴了一條傳統「布各德特」項鍊（南十字星項鍊）*，以此展現撒拉威文化之美。

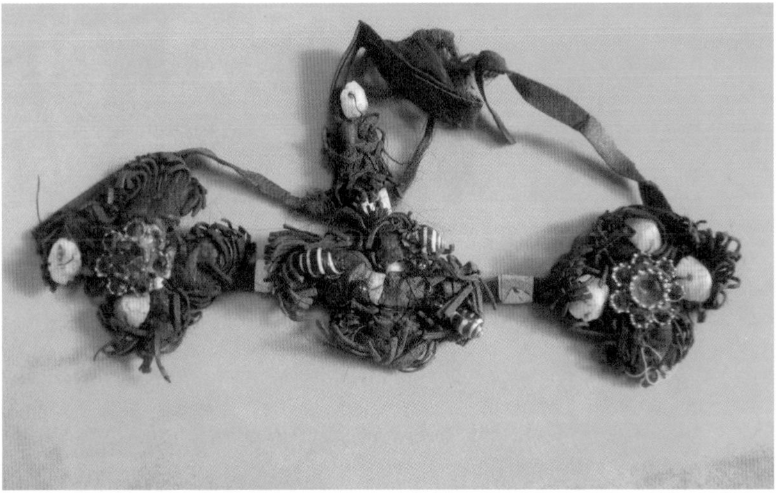

我收藏的古董髮飾，以皮革、貝殼、螺類與彩色玻璃珠製成。

*請參考 331 頁。

特殊靛藍色調

三毛寫道：「罕地替她買了好幾塊布料，顏色不外是黑、藍的單色。因為料子染得很不好，所以顏色都褪到皮膚上，姑卡用深藍布包著自己時全身便成了藍色，另有一種氣氛。」

三毛未必知悉撒哈拉當地風俗，資訊也不如網路時代容易搜尋，此處可能有所誤解。

我推測這應該是一種名為「尼拉」（nila）的高級手染布，售價高昂，由純天然植物製成的靛藍色染料染製而成，多半來自阿爾及利亞與茅利塔尼亞。

這是一種顏色極深的靛藍色，接

高級靛藍色染布可做衣服或頭巾使用，乍看似黑色，實為極深的藍紫色，在陽光下會發亮，目前已逐漸從市面上消失。

近紫色甚至黑色，將手染布披在身上後，布上的藍色染料會自然而然渲染在身上，具有保護皮膚的作用。早年法國人稱撒哈拉遊牧民族（尤其是圖瓦雷格族）為「藍人」（l'homme bleu），就是因為他們身穿靛藍色衣物，而且會在臉上和手上渲染靛藍色彩。

任何傳統社會中，婚禮都是大事，不僅是重要的生命禮儀，更關乎雙方家族的顏面，以及龐大家族成員之間的情感凝聚與人脈關係再確立，在如此盛大、慎重且歡慶的場合中，使用比平時更高級昂貴的布料，應該更合理。

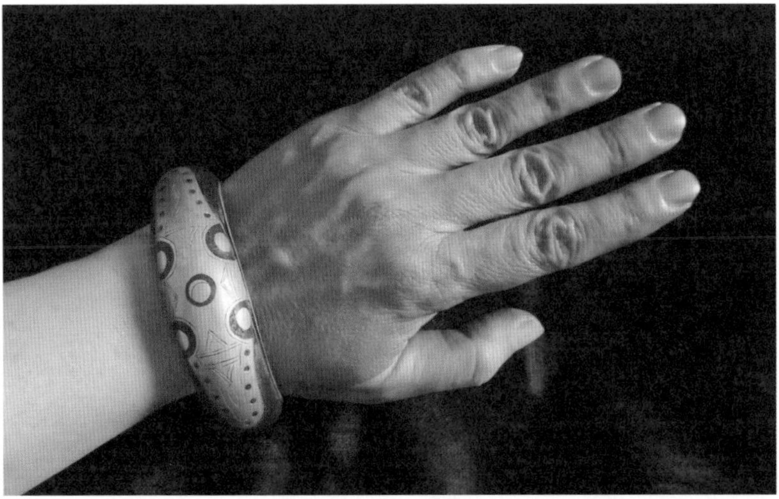

尼拉是由茅利塔尼亞進口的高級布料，乍看似黑，實為極深的藍紫色，在陽光下閃閃發亮。靛藍染料極易沾染皮膚，手背與手腕可見明顯色差，撒拉威人認為可保護皮膚不被豔陽晒傷，甚至有美白效果。

撒拉威傳統男性長袍

男性穿的傳統服飾一般分為達哈、「甘杜拉」（gandoura）與「吉拉巴」（djilaba）。

達哈是撒哈拉沙漠地區男性穿著的流行服裝之一，寬大的外衣，兩邊敞開，胸部開襟拉得很低，左側設有口袋「艾雷布納」（ellebna）。達哈的胸口與口袋往往繡有美麗的圖案。

搭配的褲子有兩種，一種是繫細皮帶的「克沙」（kchat），另一種是類似燈籠褲的「史坦貝」（stembel），臀部較寬，往下逐漸收窄，褲子長度約到小腿中間。

第二種男性長袍甘杜拉的款式類似達哈但更寬大，兩側開口極低，價格也比較高，較適合年長、體型壯碩、氣場足或較有威望的男性。為了方便行動，撒拉威男子有時會將甘杜拉下襬往上捲，掛在肩膀上。

對撒拉威男子來說，甘杜拉意義不凡，是更純粹的撒拉威風格。甘杜拉極為寬大，幾乎可說是兩大塊長方形布料縫住肩膀的部分後就直接套在身上，胸膛處再繡以美麗圖案。婚宴慶典時，男孩子穿著甘杜拉、包上頭巾，隨著鼓聲和歌聲跳舞、轉圈圈，寬大的袖子和衣襬隨著動作飛舞，帥氣迷人！

若是較靠近北部的撒哈拉沙漠地區，如扎戈拉（Zagora）和梅如卡，這一帶的男性

歌手將寬大的甘杜拉衣袖下襬捲起掛在肩膀上，方便打節拍。

身著甘杜拉的父親，海風鼓起衣裳，宛若翩翩起舞的蝴蝶。

今日較常見的吉拉巴，長袖，左胸口有個大口袋，袖口及胸前繡有美麗圖案，以藍色與白色最常見。

吉拉巴背部亦繡有圖案。

傳統服飾的常見形式已較接近吉拉巴，名稱亦同，雖然仍以藍白為主，胸膛同樣繡有美麗圖案，左胸前的大口袋也還在，但設有長袖，靠近臀部兩側則設有開口，方便穿長袍時從長褲口袋取物，而且長袍下的穿著已是一般現代服裝。

就現存三毛與荷西的撒哈拉老照片來看，兩人穿著達哈，三毛穿白色，荷西穿藍色，底下搭配同樣材質的寬鬆長褲，長袍開襟與胸口繡有圖案，左側上方圖案形似南十字星，左側下方大口袋上繡有與新月同為伊斯蘭象徵的五芒星，上下兩條起伏曲線圍繞著五芒星，讓落在口袋上的圖案頗似法蒂瑪之手，卻又似沙丘蜿蜒起伏，或如河流蜿蜒。右側上方有個圓形圖案，中間一個圓點，由四條線貫穿，將圓分成八等分，整體形狀看似一顆眼睛，有可能是邪惡之眼的符號，但因照片老舊，相當模糊，無法確認。

邁入二十一世紀，一身傳統長袍已成沙漠人的文化標誌，但沙漠中人多半不再嚴格區分達哈、甘杜拉或吉拉巴，小男孩一穿上傳統服飾就開心得不得了，甚至覺得自己長大了，是真正的撒拉威人！

旅遊業尤其如此，即使是最低階的駱駝夫也得穿上傳統長袍才能為觀光客牽駱駝。這不僅是自身文化表徵，對觀光客來說也是沙漠標誌與異國情調的氛圍，拍照更好看、更有沙漠的fu，有些遊客甚至特意穿上長袍在沙漠留影。

然而，一身長袍要價不菲，售價與材質及繡工有關，最便宜的一件也要臺幣一千元上下，對工資不高的沙漠人來說是筆不小的支出。曾有年輕人向我抱怨，說自己平時靠牽駱駝和在飯店打工掙點生活費，不是天天都能上工，工作時卻非得穿上那套行頭，而且不能太髒太舊，傳統長袍對收入不多又不穩定的他來說著實成了負擔。

另一方面，對於撒拉威人與摩洛哥其他區域的人來說，一身傳統長袍已是沙漠中人的身分表徵，甚至是「撒哈拉」的代名詞。

在我們村子裡，貝桑無論出門或在家，一定會穿長袍、綁頭巾。若往西撒

若往西撒走，深以撒拉威文化為榮的貝桑會刻意換上寬鬆的甘杜拉，包黑頭巾，更具西撒風格。

在我們村裡，無論上工與否，貝桑一定一身傳統長袍外加頭巾。

的方向走，他甚至會換上更具有撒拉威意涵的黑頭巾與更寬大的甘杜拉。

然而，若我們進入大城市，如經濟大城卡薩布蘭加、首都拉巴特、千年古城菲斯、觀光大城馬拉喀什，或是前往北部里夫區，他絕對會換掉傳統長袍，也不綁頭巾。尤有甚之，他從來不以撒拉威打扮搭乘公共運輸工具或踏進城市裡的大賣場。

他說是為了避免城裡人發現他是沙漠來的。再追問下去，他囁嚅地說：「城市人都覺得我們沙漠來的是窮人，啥都不懂，瞧不起我們，如果被他們發現我是沙漠來的，很可能會故意騙我，或東西賣特別貴，低調一點，不要穿長袍，比較安全。」

頭巾

沙漠中人時常包著頭巾「利坦」（litham），這塊長長的布可從兩公尺到八公尺，隨人喜好，較常見的是四公尺。有些人喜歡在頭上多纏幾條，創造出宛如帽子的遮陽效果。頭巾傳統顏色為深藍、淺藍與白色，材質為棉布，現今顏色已愈來愈多，五彩繽紛。

傳統遊牧時代物資少，又常移動，擅長使用單一物品滿足多種需求。

多功能的頭巾包在頭上可擋風、遮太陽、擦汗、禦寒，沙塵暴來襲時可以保護眼耳口鼻，晚上睡覺可以包住頭不受昆蟲侵擾，或者蓋在身上禦寒，受傷時可用來包紮，或

沙漠男兒將頭巾解開來，可發現不過是一條長長的布巾。

沙漠男兒必備的頭巾各有各的綁法。

是汲水當繩子，或當駱駝牽繩，手邊沒籃子時更可卸下頭巾，隨手包裹物品。

我曾親眼目睹貝桑用頭巾修好了摩托車——雖然至今想不明白他怎麼修的，但他以一條頭巾救了好幾個臺灣遊客的命，我可是永生難忘！

貝桑和我在撒哈拉專職推動深度文化導覽與生態旅遊，以四輪傳動吉普車為代步工具，帶領遊客探訪坊間旅行團無法抵達的祕境，呈現沙漠自然景觀與遊牧文化的特色。而在荒漠推動這樣的旅遊行程，除了市場需求等現實考驗，最大的變因是天候。在沙漠，永遠是老天爺最大，有時白天風和日麗，傍晚卻狂風大作，在在考驗我們隨機應變的能力。如何帶遊客走出天候不佳的荒野沙漠，回歸文明村落，仰賴的永遠是貝桑對沙漠的熟悉。

我們在沙漠的導覽工作剛起步時，很幸運地與一家臺灣旅行社合作，帶他們的客人深入撒哈拉，一一探索我們安排的祕境，行程最後是在一處人煙稀少的高聳大沙丘附近看日落，待夕陽落入地平線的那方，夜幕落下前，我們便會以吉普車載遊客回飯店，為一整天的行程畫下完美句點。

某一次，吉普車隊於傍晚抵達大沙丘，十幾位客人紛紛下車，魚貫往大沙丘走，我與貝桑沿路步行護送。夕陽正美，天邊晚霞瑰麗如火，客人放鬆地坐在沙丘群上休息、聊天、拍照。在帶團的臺灣資深領隊S鼓舞下，約莫七、八個客人起身，準備跟他一起「攻頂」，爬上大沙丘頂峰看夕陽。

貝桑望了望東北方天空，和顏悅色地說，遠方天空正在急速變化，很可能會發生沙塵暴，而且正朝我們的方向而來，大沙丘極為高大，愈接近頂峰，沙子愈細軟，攀爬不易，況且再不到一小時就天黑了，客人全都市來的，體力遠不如當地人，萬一真有沙塵暴來襲，恐怕無法安然下山，建議放棄攻頂，以免橫生意外。

眾人面面相覷，S卻毫不猶豫說：「放心吧！沙漠我來過好幾次了，摩洛哥的沙漠、突尼西亞的沙漠，我全熟得很，不會有事的。更何況，我們一團都千里迢迢從臺灣來到撒哈拉了，這麼美的大沙丘，怎麼能不攻頂？」在他吆喝下，一行人興沖沖朝大沙丘頂端走。

貝桑不說話，坐臥在沙丘上，沉默地望著天際。

約莫半小時後，沙塵暴果然席捲而來，黃沙漫天飛舞，能見度瞬間幾乎降至零，細沙打在身上和臉上很痛，細微粉塵更讓人無法呼吸。

貝桑二話不說，起身綁好頭巾，遮住口鼻，揮手要沒攻頂的客人們先回吉普車，吉普車司機會照料大家的安全，自己在狂烈風暴中轉身，一步步踩著大沙丘的柔軟細沙朝頂峰前進。

站在原地的我不敢移動，既無法放下貝桑和臺灣團獨自逃生，也不敢跟著貝桑往大沙丘頂走，自知體力不足，只怕給他更大負擔。

我整理頭巾遮住鼻口，風沙大得讓人幾乎無法睜開眼睛，狂風也吹得人幾乎站不住，腳下沙子愈堆愈高，彷彿將人牢牢釘入沙丘。心裡雖然擔憂，卻也知道我們很快就能脫困，有在沙漠土生土長，極度愛戀沙漠且對沙漠每個地方瞭若指掌的貝桑在，即便沙塵暴愈來愈狂、愈來愈烈，他一定可以把所有人都帶下山。萬一時間拖太晚或有任何閃失，每位吉普車司機都是在地遊牧民族出身，也有能力幫忙解決問題。

不知過了多久，天幾近全黑，霧茫茫的微弱天光中，臺灣客人終於出現了，先一個，再來兩個、三個……我趕緊問：「其他人呢？」他們說在後頭，很安全，貝桑正帶大家回來！

過了好一會兒，搖搖晃晃的S也出現了，沉默地往山下的吉普車走，又再過了一會兒，是貝桑。終於，所有人都回來了。

貝桑護送所有人回來後，清點人數，確定所有人都上了車。此時夜幕已落，天空不時打雷，沙塵暴愈發狂野地席捲天地。貝桑馬上發動車輛，衝在前頭，帶領整個吉普車隊穿越沙塵暴肆虐的沙漠，沿途不發一語，專注於詭譎多變的天候與崎嶇不平的路況。

天候實在太糟了，狂風不止，閃電交加，伸手不見五指，能見度極低，偏偏我們還在沙漠深處，連我都不免擔心，客人更是驚訝地問：「天這麼黑，又有沙塵暴，什麼都看不見，貝桑怎麼知道我們在哪裡？要去哪裡？」

貝桑回答自己在沙漠出生長大，心裡有一張沙漠地圖，比GPS還準，從來不會迷路，還對客人道歉，讓他們因沙塵暴而受到驚嚇。所有人不斷對他說大自然力量無法抗拒，那不是他的錯。

不知在黑暗、狂風與漫天飛沙中奔馳了多久，終於看到村子的燈光，離飯店不遠了，客人們大鬆一口氣，話慢慢多了起來，你一言我一語地說剛剛被困在大沙丘頂時，還好貝桑夠英勇，用一條頭巾把他們全部救了下來，大讚貝桑是大家的救命恩人，說著說著，全車竟為他鼓起了掌！

安全抵達飯店後，客人下了車仍興奮地圍著貝桑猛道謝，貝桑沒多說，只是笑得靦腆。

工作結束後，貝桑邀請當天所有吉普車司機到我們的民宿喝茶。我趕緊拿出珍藏的臺灣餅乾，洗葡萄，準備椰棗，讓大夥兒配茶吃。突如其來的沙塵暴不只讓臺灣客人受驚，就連司機也情緒激動，所有人驚魂未定地聊著適才場景。

臨睡前貝桑才說，客人攻頂前，他看天際雲層變化就覺得發生沙塵暴的機率很高，偏偏S不相信。他也習慣了，都市來的，尤其是外國領隊，總覺得自己比較厲害，既不相信遊牧民族的判斷，也不可能聽從當地人的建議。他不好堅持，只能關注天際雲層與風的變化，以及每一個客人在沙丘上的一舉一動，就像在沙漠深處牧羊時，永遠要眼觀八方、耳聽四方，知道每一頭羊正在哪兒吃草。

沙塵暴一來，等貝桑好不容易抵達大沙丘頂峰時，風勢早已更強更烈，宛若一場在天與地之間橫衝直撞的漩渦，先將細沙往天頂拋去，再朝人們狠狠砸下來。他看到嚇壞的客人完全不知下山方向，風也大到讓他們舉步維艱，馬上解下頭巾，要他們像抓住繩索般地抓牢頭巾，自己在前頭一步步將所有人往山下拉。

但風勢實在太大了，沙塵不斷灌入耳鼻，有些年紀大的客人實在走不動，貝桑靈機一動，請所有人在高處靜候，要求一個客人緊抓頭巾一端，自己抓著另一端並往沙丘凹處走，那裡有他朋友經營的帳篷區。接著，他慢慢將頭巾收回來，連帶把客人拉向自己，順利讓客人抵達沙丘凹處，可進入帳篷躲避沙塵暴。然後他再次爬向高處，以相同方式一個一個地將客人帶下來。

也不知來回多少趟，終於讓所有人安全躲在帳篷裡，休息好一會後，眼見風勢較歇，夜幕已開始落下，再不走真的來不及，貝桑要其中一個客人拉住頭巾，他先行爬回高處將人拉上來，接著再回到凹處，以相同方式將客人一個個帶上來，然後再將所有人一起安全帶下山。

至於S領隊呢，據說人高馬大的他幾乎嚇到腿軟，上下沙丘全靠貝桑奮力把他拉上拉下。

聽完所有未參與的細節，我瞠目結舌，久久無法言語。

親眼目睹「在地導遊」貝桑與「外籍領隊」S之間權力關係的不平等，以及外地人（臺灣領隊與遊客）對沙漠的陌生、對潛在危險的輕忽，我不禁感嘆，遊牧民族生於斯，長於斯，對沙漠的熟悉度，與土地的連結，對天地間的一動一靜，與靜默中的細微變化，掌握度遠遠在我們認知之上，在「來自文明世界的旅遊消費者」面前，卻往往被視為目不識丁的野蠻人。

腳環。

在《永遠的寶貝》裡，三毛說到自己的珍藏「每一個都擁有它自己的來歷，故事的背後，當然是世界上最可貴的人」，夜深人靜時，她「凝望著一樣又一樣放在角落或者架子上的裝飾，心中所想的卻是每一個與物品接觸過的人」。人與故事，讓這些物品成為她生命中的印記。

輾轉回到臺灣的三毛仍保有幾件撒哈拉首飾。它們既是她生命中美麗的故事，與撒拉威人的交會，更含藏了屬於撒拉威人的悠遠傳統與文化脈動。

比如那對銀製腳環。「戴在雙腳踝上，走起路來如果不當心輕輕碰了腳跟，就會有叮一下的聲音響出來。當然，光腳戴著它們比較突出，原先也不是給穿鞋子的人用的。最好也不要走在柏油路上，更不把戴著它的腳踝斜放在現代人的沙發或地毯上（波斯地毯就可以）。」＊

＊詳見〈本來是一雙的〉，收錄於《永遠的寶貝》

這對腳環的來源記錄在〈哭泣的駱駝〉裡。當時西撒情勢愈形危急，摩洛哥大軍逼近阿尤恩，西班牙準備撤離，游擊隊四處活動，爭取獨立卻遙不可及。三毛與荷西受邀到偏遠沙漠深處與老人相見，誰都不知這是否將是今生最後一次相聚。

「老人摸摸索索的在衣服口袋裡掏了一會兒，拿出了一封重沉沉的銀腳鐲，向我做了一個手勢，我爬過去靠著他坐著。『戴上吧，留著給你的。』我聽不懂法語，可是他的眼光我懂，馬上雙手接了過來，脫下涼鞋，套上鐲子，站起來笨拙的走了幾步。」老人為每個女兒都備上一副，因女兒們還小，便先給了三毛。

從《永遠的寶貝》書中照片來看，這對腳環是撒哈拉傳統首飾「卡爾卡爾」（Khal-khal，又稱 Khel khal），從阿爾及利亞、摩洛哥直到茅利塔尼亞，深受柏柏爾、撒拉威、摩爾人與圖瓦雷格等沙漠部族喜愛。

然而，字裡行間已能感受到戴著這對腳環不方便行走，為什麼來自沙漠的首飾竟會有礙行動呢？

沉重厚實的腳環過去是貴族專屬首飾，爾後也出現在富裕人家中，買不起銀製品的便以鋁製，卡爾卡爾這類傳統首飾尤其需要大量的銀。

傳統社會裡的珠寶首飾就像女性的移動銀行，遊牧時代尤其如此，某些部落的女兒嫁妝裡必定有一對沉重厚實的純銀腳環。白銀可做為貨幣儲備，若將來生活困頓，便可拿出來交易。

若撒拉威老人送給三毛的腳環為純銀製品，單只至少有四百公克以上，算是貴重物品，除了顯示贈禮者本身經濟狀況頗為富裕，也是對三毛的疼愛與珍惜。

裝飾圖案方面，有些腳環上刻有一個又一個圓圈圈，象徵邪惡之眼，可保護腳踝免受荊棘、毒蠍和蛇的傷害，也讓女子的腳踝更加美麗性感。

卡爾卡爾腳環有個開口，或者可以調整大小，方便穿戴，兩頭尾端通常形似蛇頭。在北非史前石棚墓挖掘出來的手鐲或腳環，兩稍末端也時常以蛇頭做裝飾。

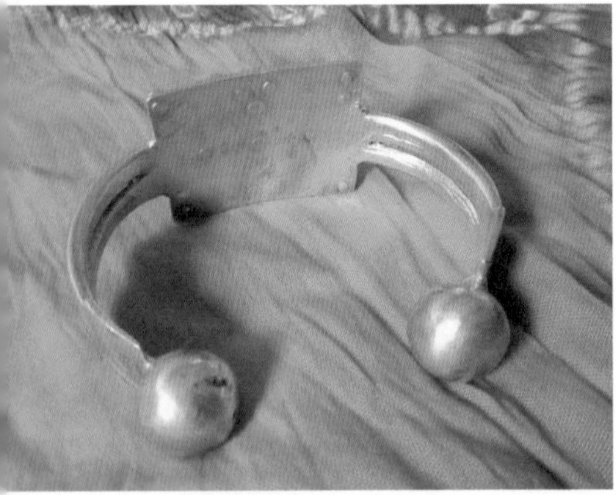

腳環兩端有開口，方便配戴，且似蛇頭，具保護意涵。底部則清晰可見純手工製的鑿痕。

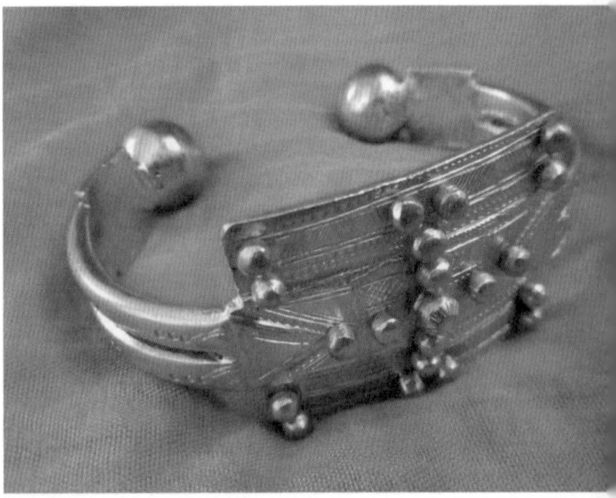

沙漠中人相當喜愛的傳統銀製腳環，紋路為純手工雕刻，優雅細緻又大方。

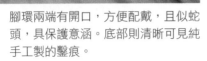

自古至今，蛇向來是讓人崇敬且恐懼的動物，象徵著邪惡與危險，同時也是一種具有強大力量的保護。蛇型圖案從西元前四世紀開始就廣泛出現在希臘工匠作品裡，許多珠寶首飾採用爬行動物的圖案，如手鐲或戒指等，象徵好運。古羅馬銀匠也非常愛用，考古團隊曾在龐貝古城遺址挖掘出許多精美高貴的蛇形黃金手鐲。許多柏柏爾工藝品如地毯，亦可發現蛇形圖案，象徵富饒繁盛。

在柏柏爾鄉村，過往女性時常配戴成對的腳環，有時頗為厚重粗圓，各地區風格不同，有些地區的較為花俏繁複，飾以珊瑚、青金石或紅色綠色琉璃，德拉（Draa）地區則會使用綠色與黃色琺瑯，撒拉威傳統風格則偏好純金屬首飾。

古早時代，撒拉威婦女盛裝參加婚宴時，雙腳以黑那彩繪，再戴上銀製腳環。有意思的是，一位撒拉威傳統工匠親口告訴我，早年有些遊牧部族的未婚女性雖然可在雙手做指甲花彩繪，但只能配戴單只腳環，已婚女性才可在雙手雙腳都做指甲花彩繪，兩隻腳都配戴腳環。

北非婦女參加婚宴時往往會配戴大量首飾以顯示身分地位，她們會隨著鼓聲和歌聲翩翩起舞。當地特有的舞蹈名為「格德拉」（guedra），女孩們或站或雙膝跪地，隨著歌聲、鼓聲與雙手拍打出來的節奏而舞，眾人將舞中女子圍在圓圈中間，歌唱、歡呼、手打節奏，氣氛歡樂融洽，同時帶有神祕又旺盛的生命力，宛若某種來自古老時代的祕傳儀式。

跳舞時，上身穿著黑色布料、下身為白色褶裙的女子會用身上布料遮住臉龐，讓人看不清她在舞中迷醉的樣貌，平添神祕氣息。雙手雙腳的指甲花彩繪除了有保護意義，同時也強調手腳的舞蹈動作，若雙腳配戴腳環，隨著身體律動，綻放忽隱忽現的光芒，更形誘人。

今日，卡爾卡爾腳環已是撒哈拉在地傳統文化象徵。二〇一九年摩洛哥綠色行軍四十四周年的紀念郵票就以一對在沙地上的卡爾卡爾腳環為圖案，雕工尤其細緻，坊間難尋。

我收藏的純銀卡爾卡爾腳環與三毛的同為撒拉威傳統款式，純手工製，約有五十年歷史，上頭的裝飾線條為手工雕刻，典型撒拉威風格。穿戴起來如三毛所云，頗為沉重，對行走略有阻礙，現代女性已不配戴，僅出現於婚禮中，當作送給新嫁娘的禮物。

隨著消費市場萎縮，工匠已極少製作卡爾卡爾腳環，我走訪撒哈拉數座大城的舊城區，終於在一間祖傳四代的首飾工匠鋪裡尋獲。年已七十的老師傅說，這只腳環是他父親生前遺作。

傳統格德拉舞蹈可見於婚宴等歡樂場合，女孩身著上黑下白傳統節慶服飾，跪地翩翩起舞，眾人圍著她，拍手唱和。上圖女孩上半身被黑布遮住是正常跳舞的狀態，下圖黑布已因舞動而掉落。

手鐲。

跟著三毛從撒哈拉去到加納利群島再回臺灣的寶貝還有三只手鐲，她說這三只手鐲「不是店裡的東西，是在撒哈拉沙漠一個又一個帳篷裡去問著，有人肯讓出來才買下來的」。*

從《永遠的寶貝》書中照片判斷，這是一種北非相當常見的手鐲，有些區域稱此風格為「蜜禪」（mizam），通常購買一對，一手戴一只，若參加婚禮或慶典時則會同時

比對三毛的銀鐲與我收藏的古董銀手鐲。

*詳見〈手上的光環〉，收錄於《永遠的寶貝》

配戴好幾對，甚至一直戴到前臂。

雖然三毛說這種手鐲「很難買到，因為這些古老的東西已經沒有人做了」，但目前仍有撒拉威與柏柏爾專業工匠製造，許多婦女會在女兒即將出嫁前訂做成對手鐲當嫁妝，其獨特雅致的民俗風格也愈來愈受國際市場喜愛。

然而，此類手鐲的數量確實較早年少，主因在於消費者品味改變，摩洛哥女性如今更喜愛輕盈且方便配戴的現代金飾，傳統首飾乏人問津，工匠自然不再製作。

照片這只銀手鐲是我的收藏，與三毛手鐲同為撒拉威傳統款式，購於

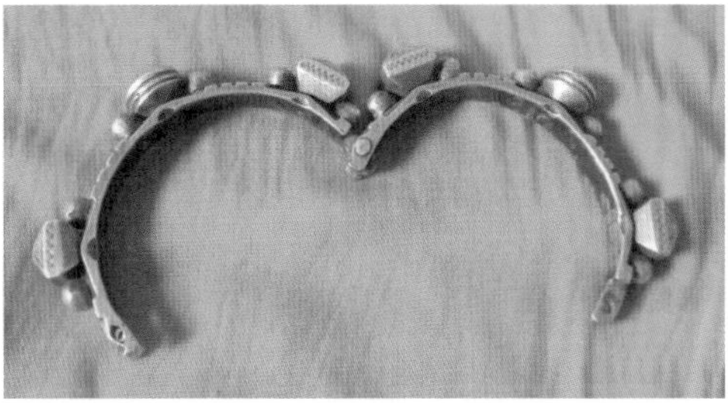

有開口，方便配戴。

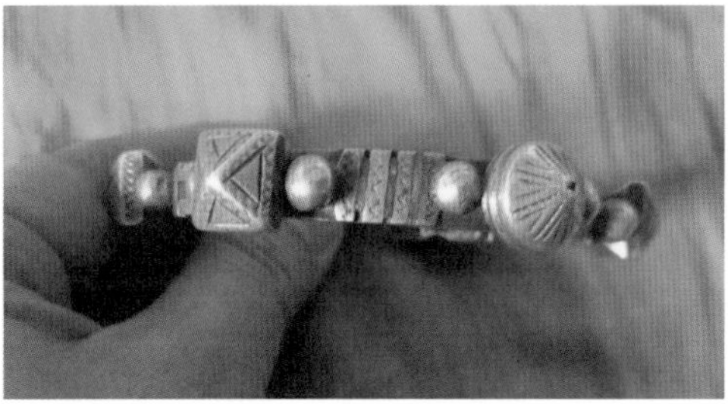

撒拉威人最喜歡的紅綠配色。四角錐象徵帳篷，圓錐象徵月亮，小圓球象徵孩童。

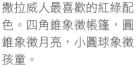

鄰近大西洋的海城伊夫尼（Sidi Ifni）假日市集，純手工打造，四角錐象徵帳篷，圓錐象徵月亮，小圓球象徵孩童，皆為喜悅富足的象徵，上頭的裝飾性線條為手工刻製，綴以撒拉威人最喜歡的紅綠配色，設有開口，方便配戴，然銀針已遺失。這只銀手鐲推測應有百年歷史，相當罕見。

石像。

三毛的收藏裡，最讓我驚奇的是那三個石像。

三個石像有著傳奇來源。

三毛從住處前往鎮上的唯一捷徑是穿越兩座撒拉威人墳場，有一回她照例在石堆裡繞著走，遇見一位年邁老人，正坐在墳邊刻石頭，「他的腳下堆了快二十個石刻的形象，有立體凸出的人臉，有鳥，有小孩的站姿，有婦女裸體的臥姿正張開著雙腳，私處居然連刻著半個在出生嬰兒的身形，還刻了許許多多不用的動物，羚羊、駱駝……」，這種「粗糙感人而自然的創作」讓三毛愛極了，帶了五個回來，「我那一日，飯也沒有吃，躺在地上把玩賞著這偉大無名氏的藝術品，我內心的感動不能用字跡形容。」然而「沙哈拉威鄰居見我買下的東西是花了一千塊弄來的，笑得幾乎快死去，他們想，我是一個白癡。」三毛想再購買，「烈日照著空曠的墳場，除了黃沙石堆之外，一無人跡。

我那五個石像，好似鬼魂送給我的紀念品，我感激得不得了。」

爾後三毛陸續送了兩個出去，只留下三個。

這三個石像特別引起我的注意倒不是如鬼魂般神祕來去的瘋狂老人，而是這類藝術形式極少出現在北非。伊斯蘭禁止崇拜偶像，藝術形式多以抽象為主，清真寺即是最好的例子，石刻雕像卻是具象的藝術品；此外，遊牧民族在沙漠遷徙，鮮少攜帶笨重無用的物品，就連具實用價值者如石製水槽或缽，離去時都是擱置當地，某天再回來即可使用。

我在摩洛哥與撒哈拉多方詢問，

近代觀光業興起後，摩洛哥才逐漸出現具象的觀光紀念品，如撒哈拉遊牧民族婦女手工製作的布駱駝。

包括城裡的藝術與觀光用品店商家、亞特拉斯山區柏柏爾工匠與沙漠遊牧民族，得到的回答頗為一致：「這東西是非洲來的，不是典型摩洛哥／撒哈拉風格。」

雕刻在非洲是常見的藝術表現形式，以木頭、象牙、石頭、陶與銅等為材質，型塑具象的藝術品，風格古樸簡約，稚拙而俐落，時而張揚，散發深沉又原始的魅力。最知名的當屬面具，造型多變大膽，表現力強大，用於祈雨、婚喪嫁娶、播種、豐收、成年、巫術等儀式。

石像是立體藝術，每塊石頭都有獨特觸感與溫度，鑿痕與打磨將有著天然色彩的原石琢磨出具體形象，凹凸有致，對三毛來說，「這三個石像，不能言傳，只有自己用心體會」，甚至「拿在手裡，用觸覺，用手指，慢慢品味線條優美的起伏，以及只有皮膚才能感覺出來的細微石塊凹凸」。＊

我們雖然摸不著三毛的石像，仍可將其放入非洲文化脈絡，解讀當中暗藏的故事。

三毛的人形石像由深米色原石雕刻而成，雕工樸實，線條優雅流暢，頭型圓潤，像半顆立體圓球，鼻樑挺直，雙眼深邃，以細膩鑿痕刻劃出一雙靈動圓亮的大眼睛，嘴巴的處理尤其有趣，活似有牙齒似的。這樣的造型讓人聯想起西非迦納阿散蒂族（Ashanti）的求孕木娃娃「阿古瓦巴」（Akua Ba）。

＊詳見〈僅存的三個石像〉，收錄於《永遠的寶貝》

阿散蒂族是阿坎族（Akans）中最大的一支，居住在森林覆蓋區，女性擁有最終決策權，生育、繁衍及兒童是最常見的木雕藝術主題。

關於阿古瓦巴木娃娃的起源有一則美麗的傳說。

古早時代，苦於無法受孕的年輕女子阿古瓦（Akua）向靈療者請求協助，靈療者要她用木頭雕一個娃娃，每天抱著，就像親骨肉一樣地餵食照顧。

阿古瓦照做了，村民看到她揹著木娃娃，紛紛嘲笑她：「趕快來看阿古瓦的小孩！」（Akua Ba）

不久後阿古瓦真的懷孕，順利誕下一個小女嬰。她的成功鼓勵了其他不孕婦女，同樣雕了木頭娃娃，揹在身上來求子，並將這樣的娃娃命名為阿古瓦巴或「阿古瓦瑪」（Akua Mma），用來紀念阿古瓦。

另個說法則說，阿古瓦巴是孕婦懷孕時帶的木雕娃娃，用纏腰布緊緊綁在腰間，保佑平安順產。

阿古瓦巴不只是娃娃，更是一套複雜儀式，必須在特定時間揹著，有時必須放置家族神壇，求孕女子必須飲用某些藥草或用草藥沐浴。娃娃必須精心雕刻，愈是漂亮的娃娃，愈能讓女子生下漂亮的小孩。

阿古瓦巴木娃娃可以向當地雕刻師購買或自行雕刻。多為女性造型，有些是母與子，可見胸部。

一旦成功受孕，有些婦女會將木娃娃贈送給協助她的靈療師，靈療師神壇上的木娃娃愈多，代表靈力愈強。有時會把木娃娃送給小孩當玩具。若終生無法受孕，有些女子會繼續保留木娃娃，死後合葬。

另一方面，三毛收藏的兩個鳥型石像嘴喙巨大，立姿，羽翼收起，漸層的美麗深玫瑰色很明顯是石頭原色，細緻簡約的刻痕則輕巧帶出鳥眼與翅膀形狀。

鳥形雕塑在非洲同樣常見，最知名的當屬塞努福族（Senufo）的犀鳥雕像。

犀鳥是一種極為美麗且大型的珍稀鳥類，鳥羽顏色鮮豔強烈，最鮮明的特徵是那占了三分之一到一半身長的巨大鳥喙，頭頂則有個鋼盔狀凸起，宛如犀牛角，因而得名。犀鳥科約有五十七種，分布在非洲撒哈拉沙漠以南、南亞及東南亞的熱帶地區，以樹林為棲息地，為雜食性鳥類，吃樹上果實、昆蟲和小型脊椎動物為生。

塞努福族分布在西非的布吉納法索、馬利及象牙海岸一帶，以農業為生，犀鳥是他們最愛的鳥類，象徵有智慧的保護者，甚至被視為水神轉世。

塞努福族神話中，第一批出現在地球的動物有五種，分別是變色龍、烏龜、蛇、鱷魚與犀鳥，在人死後，由犀鳥負責將靈魂送到另一個世界。

犀鳥圓圓腹部象徵生育繁衍不絕與昌盛興旺，智慧飽滿且不輕易顯露；寬廣肩膀象徵能扛負重任，忍受疾苦並且保護後代；強壯巨大的羽翼象徵著保護；長而尖的巨大鳥喙象徵沉默寡言，只有在決定投入時才發言，而一旦決定投入，便是抱持著堅定決心。

早期的非洲內陸貿易與部族之間往來頻仍，交流活絡程度遠在我們認知之上。過往的撒哈拉無國界，不僅遊牧民族慣於大範圍的長途遷徙，跨撒哈拉貿易線更是無比熱絡而且奴隸貿易盛行。阿尤恩鄰近茅利塔尼亞、阿爾及利亞及馬利，若真有這樣一個在墳場雕刻石像的瘋狂老人，不論他來自黑人非洲，抑或風格深受非洲藝術影響，與三毛在阿尤恩墳場巧遇，也是合理。

今日，石雕藝術在摩洛哥或撒哈拉依然不普遍，手工小石雕多半在觀光紀念品店出售，不足巴掌大，以觀光客為主要消費客群。形狀除了駱駝，還有鳥與烏龜等動物，或者做成小盒子與塔吉，兩件式，蓋子掀開裡面可放置物品。

這些小石雕多為石頭原色。以駱駝石雕來說，經常見到利用米白色石頭的自然色調，或玫瑰色，或淡棕色，為石雕像添加細膩變化，不另外上色或雕琢。

另一種石雕則以棕黑色為底色，上以手雕白線為裝飾，形狀多種，市面常見的有駱

今日摩洛哥境內可購得的手工石雕駱駝。

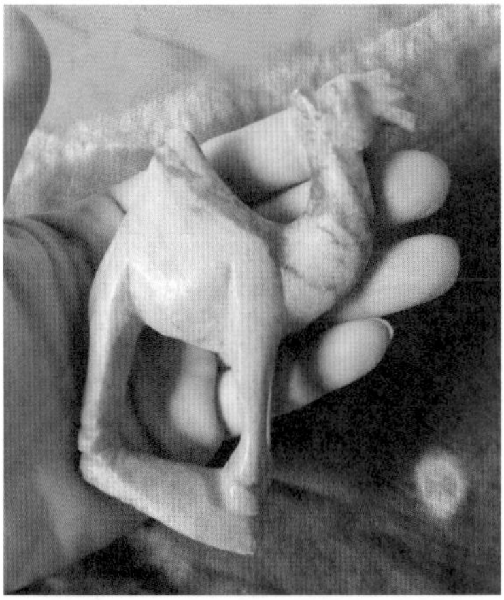

利用石頭原色做變化的駱駝石雕僅約巴掌大。

石雕小盒，內可置物。

駝、鳥類、塔吉鍋及小盒子等，近來也出現烏龜形狀。

這些雕像表面光滑，多半已非純手工，應是以機器切割、打磨，再以雕刻刀手工刻出上頭的白色線條當裝飾。

而與三毛當年收藏的石雕像最為接近的，當屬鳥型雕像。無論底座、形體或以手刻白色線條為裝飾的手法，皆無二致。鳥眼也同樣是一個圓圈裡有一個白點，並以白色線條描繪出翅膀的形狀。

只不過三毛的收藏品上頭的紋路較為細緻繁複，鳥頭與鳥喙較有稜角，鳥喙朝下彎，如今可購得的鳥形石像上的手刻白色線條較為簡化，鳥喙朝上微彎，整體形狀的流線感更強，手工鑿痕感相對較低。

比對三毛收藏的鳥形石雕像與我尋獲的鳥形石雕。

我在摩洛哥尋獲的鳥形石像。

燧石與史前撒哈拉。

三毛在〈十三隻龍蝦和伊地斯〉提到一個叫伊地斯的撒拉威人，常來跟荷西借用潛水器材，下海捕捉龍蝦，待西撒政情劇烈變化，三毛即將離開，伊地斯要去打游擊，行前匆匆拿了「他最珍愛的東西」送給三毛，打開一看：「這兩塊磨光的黑石，是石器時代人類最初製造的工具，當時的人用棍子和藤條夾住這尖硬的石塊，就是他們的刀斧或者矛的尖端。」三毛聽說沙漠裡某些神祕洞穴仍可挖出這類東西，但身邊不曾有人找到。

這種打磨過的石頭，就是史前時代的工具「燧石」。

如今的撒哈拉是一片荒漠，數千年前卻完全是另一番風景。

西元前五千年到兩千年前，西撒曾是一片水草富足的大草原，有大象、有長頸鹿、有犀牛。史前岩刻畫與史前壁畫雙雙顯示當時已有人居，古老的巴福爾人（Bafours）以農牧為主要生計，活躍於茅利塔尼亞與西撒。

西元前兩千年，隨著撒哈拉愈形沙漠化，人與動物逐漸往南部遷徙，到了西元前一千年，遊牧的柏柏爾族桑海傑人逐漸取代了巴福爾人。

事實上，從埃及、利比亞、阿爾及利亞、摩洛哥，延伸至茅利塔尼亞，北非蘊含了豐富的史前文物，撒哈拉深處更不時挖掘到史前藝術與文物。

最知名的莫過於二十世紀五〇年代被法國考古學家所發現、位於阿爾及利亞撒哈拉沙漠深處的塔西利（Tassili），此地散落的史前岩刻畫與史前壁畫數量是如此驚人，保存狀況之佳、藝術性之高，聞名全世界，被視為珍貴的人類文化遺產。

摩洛哥境內的史前遺址同樣相當豐富出色。我與貝桑曾經數度走訪撒哈拉荒野多處史前岩刻畫與史前壁畫，這些史前遺址附近往往有古墓（tumulus）。各處畫風略有不同，常見的是羚羊、犀牛、大象、鴕鳥與長頸鹿等動物，甚或出現動物群聚的畫作，顯示過往的當地生態相當豐富，甚至可能是舊昔動物大遷徙路線。偶爾也會出現人物，或狩獵，或戰役。繪有岩刻畫的黑色砂岩看得出來先以工具打磨過，表層光滑，上面的岩刻畫線條簡單流暢，靈動優雅。

史前壁畫則出現在山洞裡，以赭石為顏料，描繪史前人類的生活軌跡，以狩獵及牧羊等場景居多，亦將野生動物入畫。由於年代久遠，風吹日晒，顏色已然淡去，保存狀

撒哈拉深處的史前岩刻畫描繪了眾人合作狩獵的場景。

史前岩刻畫的線條俐落流暢，疑似舊時動物大遷徙場景。

摩洛哥撒哈拉深處某個岩洞的史前壁畫，大象與長頸鹿。

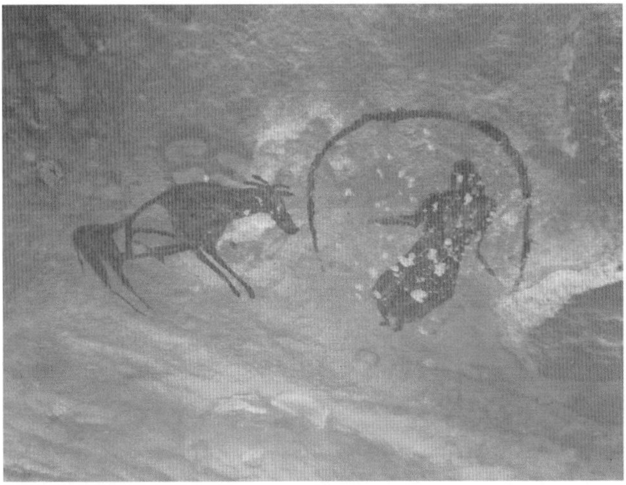

阿爾及利亞撒哈拉沙漠的史前壁畫。

況遠不如岩刻畫。

這類史前藝術往往位於荒野地帶，人煙罕至，須以越野吉普車代步且有熟人帶領才能一窺究竟，因疏於保護，不時傳出岩刻畫被破壞甚至遭竊的消息，不少刻有岩刻畫的大型岩石甚至被整塊運走，非法販售，淪落至國外收藏家手中且難以追查，至為可惜。

以西撒為例，國際考古團隊在鄰近斯馬拉（Smara）的拉吉瓦（Laghchiwat）發掘史前文物，整座考古遺址長達十二公里，除了岩刻畫及古墓，亦發現少許燧石、鴕鳥蛋與陶器碎片等石器時代文物，其中光是已發現的岩刻畫便有上千幅，估計應有四千幅，數量豐富，其中有些岩刻

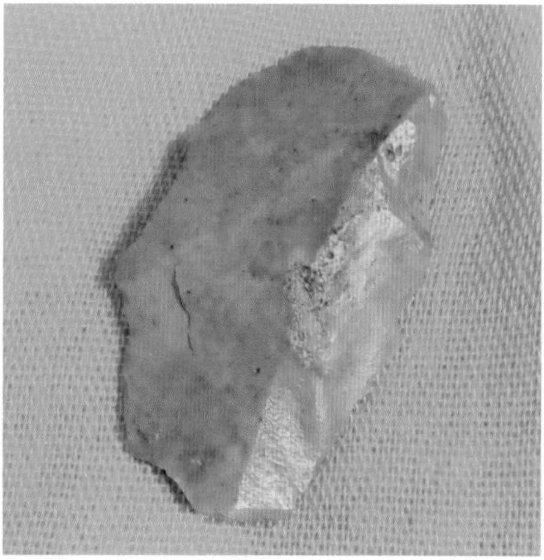

貝桑在荒漠拾獲的燧石。

畫的線條雖已因風化作用而模糊，仍可見水牛、羚羊、山羊、鴕鳥、犀牛及長頸鹿等野生動物，以及戰鬥或打獵中的人。這些也都是撒哈拉常見的岩刻畫主題。

三毛獲贈史前石器時代文物燧石的故事看似不可思議，但撒哈拉確實曾經水草富足、生命昌榮繁盛，史前文物並不罕見。

右頁的燧石便是貝桑在荒漠拾獲的，僅四公分長，邊緣敲打成較為鋒利的薄片，整體質地頗為堅硬，仍可用來切割。沙漠居民雖沒有「石器時代」的概念，卻知道這樣的石頭是「古時候的人」用的刀子。至今偶爾都還能在撒哈拉深處遇到拿燧石想賣觀光客的遊牧兒童，據說是牧羊時在荒野深處撿到的。

與驢相關的那些事。

在三毛文字裡，可發現驢子的使用，如「拉驢子送水的」＊，在〈白手成家〉裡，荷西剛開始薪水不多，家裡需要採購布置的物件極多，為了省錢，三毛向鎮上一家材料行要了幾個空木箱，老闆同意後，三毛「馬上去沙哈拉威人聚集的廣場叫了兩輛驢車，將五個空木箱裝上車」，接著「一路上跟在驢車的後面，幾乎是吹著口哨走的」。

這個細節不經意地呈現出七〇年代阿尤恩的生活場景。

驢，動物運輸的主力

以動物為運輸工具的傳統相當古老而普遍，事實上，動物運輸今日依舊盛行於摩洛哥，人們仍然仰賴馬、驢與騾運送貨品或水。

十九世紀末法國畫家布歇（Joseph-Felix Bouchor）描繪的摩洛哥馬拉喀什街景即有

＊詳見〈哭泣的駱駝〉

居民騎坐驢背，今日摩洛哥農民也依舊以相同的側坐姿勢騎在驢背上。

還記得二〇一〇年底初抵摩洛哥時，在街頭工作的驢子引發了我極大好奇，有時不免因驢子勞務沉重而難過，卻也往往發現驢主與驢子同樣疲憊滄桑，全都是在底層辛苦討生活的做工的人。

隨著對摩洛哥認識愈深，我愈加發現驢子無處不在。只有驢子能載著主人行走布滿碎石的亞特拉斯山區小徑，幫忙載水、柴薪、農獲與人，大漠中，遊牧民族更是仰賴驢子幫忙馱載生活飲水。

驢子可深入機械運輸難以抵達的

撒哈拉市集一隅等待上工的驢。

高山曠野，飼養成本又比馬低，可謂摩洛哥家庭不可或缺的好夥伴。在摩洛哥，從北到南，城市、山區到沙漠，皆可看到驢子身影，主要品種為加泰羅尼亞種與坡堤維恩種（Poitevine）。

驢子不僅在鄉村山裡肩負沉重的農務負擔，即便在城裡都是重要馱獸。菲斯古城的舊城區以巷弄狹小聞名於世，車輛完全不可能進入，唯有人力推車與驢子方能通行，直到今日都以驢子載負貨物。

摩洛哥山區使用驢子的密度極高，驢子因而有「柏柏爾吉普車」之稱，舉凡人、水與物品運輸，不論是

市集旁除了有專供驢馬騾停靠的空間，也有提醒行人與車注意馱獸的交通告示。

深入基礎交通建設尚未抵達的偏遠地區、農田勞動、走私或運水，莫不仰賴驢子。由於驢子身上往往揹著五顏六色各種籃子，某些地方甚至設有「停驢場」。

驢子偶爾會出現在摩洛哥的觀光產業，載客遊山或深入沙漠，但一般來說，依然以偏遠鄉間及山區農務勞動為主。

二十世紀九〇年代，驢子曾大量用於物品走私，爾後因摩洛哥經濟與運輸形態改變，於二〇〇〇年後數量銳減。二〇〇〇年至二〇〇五年間，摩洛哥境內估計有超過上百萬頭驢子，多數用於農村勞務，由私人農場自行繁殖。二〇一二年約有九十六萬頭，一頭驢子價值約一百三十至三百六十歐元之間（折合臺幣約四千三百元到一萬兩千元）。

時至今日，依然仰賴驢子工作者往往生活貧困，山村農民買不起現代農耕器材、城裡送貨者買不起摩托車，因此飼養成本較低的驢子。

另一方面，摩洛哥過去曾是世界上最大的驢子出口國，將國內驢隻銷往西班牙與法國，直到二〇〇五年瘟疫流行才停止。

近年摩洛哥驢子出口貿易進展迅速，進口國改為中國。隨著強國崛起，對驢子的需求量暴增，北京每年約進口八十萬頭驢子以製作珍貴中藥阿膠。

據說阿膠具有治療貧血與調和女性月經的神奇功效，中國每年約消費一百八十萬噸驢子，近年價格暴增，供不應求，隨著新興市場崛起，未來驢價應會再度飆升，前景相當看好。

簡而言之，摩洛哥的驢子產量向來極高，足以外銷，過往是以活口的方式，主銷歐洲，服務於農業，此時則是交出生命，成為價格高昂的中藥材。

為非洲野驢汲一口清涼

一如駱駝，驢子同樣是沙漠生活重要的駄獸，不僅是遷徙時的重要夥伴，更是遊牧民族每日前往井邊打水時不可或缺的得力助手。

貝桑爸爸曾有一頭驢子，賣掉後仍不時想起，偶爾在野外看到滿地野草還會叨叨絮絮地說不該把驢子賣掉，否則現在就可以牽牠來大快朵頤一番，足見充滿思念之情。

三毛描述的是已經馴化成駄獸的家驢，我和貝桑在撒哈拉帶深度導覽時，則擁有近身觀察非洲野驢，甚至提供一瓢飲的難得經歷。

梅如卡大沙丘群後方的沙漠深處散居著被國際自然保護聯盟瀕危物種紅色名錄（簡稱ＩＵＣＮ）列入「極危」名單的非洲野驢（學名 Equus africanus）。與亞特拉斯山區已被馴化成駄獸的家驢相比，非洲野驢的皮毛顏色較淺，呈淺棕色，頸背有著一道深色棕毛，呈十字型，腳部往往有深色條紋。

非洲野驢成群散居在碎石礫地帶，遠離人群，卻在飲水上與人類形成微妙的關係。

飲水取得不易的大漠中有幾口人類開鑿的井，野驢知道這些井的存在，棲息地往往離井不遠，有時甚至聚集在井附近，若有人前來取水，便在不遠處等待。遊牧民族深知無水之苦，往往會多汲些水讓野驢飲用。

帶團導覽時為野驢汲水，因此成了我們附帶的工作意義與樂趣之一。

夏季的沙漠又乾又熱，行經古井，正午日晒，氣溫一路朝四十度逼

在撒哈拉深處生活的非洲野驢家族。

近，風一吹來更是乾熱，大地荒蕪一片，只見野驢一家數口等著人類從井裡汲水，此時即便正在帶導覽，我們都會為野驢停下車。貝桑會輕快地對客人說：「驢子渴了，需要喝水。」隨即中斷導覽，下車為驢子汲水。

數不清多少次，貝桑頭頂烈日，將清澈的水一桶桶自井底取出，倒入井邊的簡陋水槽，讓野驢解渴。剛開始，野驢保持對人類的警覺，觀望著，爾後才會慢慢靠近，圍過來喝水。鳥兒聞到水味兒，也來了，渴得顧不及對人類恐懼，在井邊蹦跳著。

一點沒錯，在撒哈拉，人與動物可以共享水資源，人類可以單純而無償地為野生動物服務、付出，兩者一同在沙漠共存。若能將「照顧生命」與「永續經營」放入導覽當中，觀光活動未必是對土地的摧殘，也可以將來自異地的旅客深深帶入撒哈拉之美與生態的豐富當中，把對於撒哈拉的深度了解與愛、對於當地生態與人的關懷，在觀光過程中轉化為對沙漠生命的小小善待與悄悄守護。

獨一無二驢子節

驢口眾多的摩洛哥，有著世界上獨一無二的「驢子節」！

梅克內斯附近的貝尼．瑪瑪爾（Beni Mammar）於二〇〇四年首創「驢子節」

（Festibaz），每年七月固定舉辦且已成當地傳統，目的在向驢子這等刻苦勤奮且不知疲憊的馱獸致敬，同時也展示驢子在人類生活裡的重要性。

貝尼．瑪瑪爾的居民對驢子有極深的情感，認為驢子為人類辛勤工作，擔負鄉間運輸主力，形象卻不甚良好，例如形容某人像頭驢子就是種辱罵，希望藉由舉辦驢子節向驢子致敬，更希望藉此教育大眾，為驢子洗刷汙名。與此同時，村民也認為驢奶營養價值高，美容功效強，希望藉由驢子節打響名聲，讓自家驢奶賣得好價錢。

礙於財政困難，中斷五年後，貝尼．瑪瑪爾於二〇一九年舉辦了第十二屆驢子節，進而為驢子舉辦選美大會。當年約有二十頭驢子參加選美，評審包含獸醫、藝術家與哲學老師在內共九位，舉辦地點選在村內公用空地，圍觀的兒童及青少年相當多，審美標準包括相貌美麗與奔跑速度。

該場選美競爭相當激烈，由一頭與埃及豔后同名的母驢「克麗奧佩脫拉」打敗所有公驢，也是史上第一遭由母驢贏得冠軍。只見「克麗奧佩脫拉」從驢頭到驢蹄無處不是花，打扮得花枝招展，還戴著太陽眼鏡，一舉成功登上后座，為主人贏得近兩百五十歐元獎金，以及一大袋大麥做為獎品！

介於「潔」與「不潔」之間的驢奶皂

驢子在北非雖然常見，僅做為運輸工具，並非食物來源之一。

北非國家多信奉伊斯蘭教，穆斯林食物必須符合伊斯蘭教規，必須是「潔淨」的（halāl），有時也稱為清真食物。雖然不同教派與區域對於清真食物的定義不盡相同，但豬肉與驢肉等絕對是不潔淨的（harām），不可食用。

非常偶然，我在沙漠村落一家草藥鋪發現了一塊號稱是驢奶製成的肥皂，售價約兩歐元，以摩洛哥物價來說是相當昂貴的高級品。盒子上寫說驢奶皂具有神奇功效，可洗去臉部與身上肌膚不夠完美的地方，消除斑點、暗沉肌膚與皺紋等，讓全身柔亮光滑。

雖然壓根不相信這肥皂是驢奶做的，我仍好奇地買了一塊。

回到家，我問貝桑那兩個已是青少年的姪子：「穆斯林可以吃驢肉嗎？」

他倆一致搖頭，說驢肉不潔，不能吃。

我問：「那驢奶呢，可以喝嗎？」兩人面面相覷，搖頭說不知道。

我再問：「那驢奶做的肥皂，穆斯林可以用嗎？」兩人困惑地看著我。

我拿出驢奶皂，兩人仔細讀完盒子上的阿拉伯語標示，尷尬地笑著說他們第一次看到，不知道這是什麼，但是絕對不敢用。

晚上，我問貝桑相同的問題：「穆斯林可以吃驢肉嗎？」

他堅決搖頭，說驢肉不潔，不能吃。

我問：「那驢奶呢，可以喝嗎？」他驚訝地看著我，彷彿我是瘋子，好一會兒才說：「當然也不能喝，那也不潔。」

我再問：「那驢奶做的肥皂，穆斯林可以用嗎？」

貝桑說：「世界上沒有這種東西。」

我拿出驢奶皂，貝桑一臉看到鬼，追問我哪來的？

我說村裡買的，他一口咬定是假貨，世上根本沒這東西，即使有也不潔，不能用。

我問，如果穆斯林不能用驢奶皂，為什麼摩洛哥會出現這產品？

貝桑回答：「為了賺錢，他們全瘋了！」

驢子醫療中心與收容所

二〇一一年初走訪摩洛哥友人鄉間老家，因緣際會下，村裡孩童熱情友善地邀請我騎驢子。盛情難卻，只好爬了上去，成了我生平第一次也是唯一一次騎驢。只覺驢子極度強壯、溫馴且極度服從，行進速度緩慢又穩定，給人一種難以言喻的安全感，相當奇妙。

由於將驢子做為謀生工具的多半是貧困的勞動階級，看在外國人眼裡，圍繞著驢子的蒼蠅、糞便味甚至是傷口，以及驢子身上馱負的重物、工作時遭受驢主鞭打等，很容易心生不忍。

不幸的是，這些驢子在長期且繁重的勞動後，一旦生病往往得不到適當治療，受傷、寄生蟲、營養缺乏，都是常見疾病，貧困的飼主再加上對於動物健康概念的缺乏，更讓情況雪上加霜。

幸好如今已有外國動物組織在貧困或偏遠地區提供免費的動物醫療，進而對飼主進行機會教育，幫助驢主。

設立於古城菲斯的「美國客棧」（Le Fondouk Américain）是摩洛哥第一所慈善動物醫療中心，照顧驢子不遺餘力且歷史最悠久。在阿拉伯語裡，fondouk 意指旅館。

一九二六年，來自美國紐約的貝茜·庫珀（Bessie Dean Cooper）前往摩洛哥、阿爾及利亞與突尼西亞旅行，對當時人們對待動物的方式深感痛心，返回美國後成功集資，於一九二九年創立了美國客棧，免費提供醫療資源，照顧菲斯一帶與整個摩洛哥生病或受傷的驢子。創辦人過世後，這間機構最終被移交給麻省動物保護協會並營運至今，除了驢子，亦照顧包括犬隻在內的各種動物。

目前每天都有數十位飼主帶動物前來就醫，每天治療約八十幾隻動物，每年約完成兩萬次醫療諮詢，院內有兩輛救護車，醫療人員也外診，前往市集、馬廄或私人住宅進行動物醫療。

創立之初，儘管菲斯極度仰賴驢子為馱獸，當地居民卻十分抗拒由一間美國機構照顧他們的驢子，認為動物診所將威脅自己的生活方式，而且驢子若來治病就不能工作了。爾後，菲斯的巴夏與法國殖民政府制定「反殘酷法」，由警察強制將生病的驢子送往美國客棧治療。

在當時，美國客棧不只是動物醫療慈善中心，更是美國與摩洛哥關係友好的表徵。五〇年代摩洛哥自法國殖民底下獨立時，美國大使旋即肯定美國客棧在摩洛哥的努力，促進了美國與摩洛哥之間的友好關係，並讓美國國旗在此飄揚。直至今日，依然得到美國大使館的支持，所有營運與支出全數仰賴國外捐款。

無獨有偶，英國退休女律師蘇・馬琴（Sue Machin）也在離馬拉喀什約二十五公里的小村溫拿斯（Oumnass）建造了一座驢子收容所「賈吉爾騾驢保護區」（Jarjeer Mule and Donkey Refuge）。

故事開始於 Tommy，一頭經由剖腹產而生下來的小驢。蘇收留了牠，但 Tommy 非常難照顧，便在朋友建議下再收養了一頭母驢 Jenny 給 Tommy 作伴，幾個月後，蘇又迎來了母親在生產中死亡的孤兒小驢 Jerry。爾後，園區收容的驢子逐漸增加，目前共有五十四頭驢子，由八位員工照顧。

賈吉爾騾驢保護區就像驢子的孤兒院、養老院與醫療中心，營運經費來源為各界贊助與外國觀光客的造訪，蘇希望藉由營區的推廣，刺激當地更具公益性的旅遊。

平心而論，外人的目光焦點總容易放在「驢子是否被善待」，甚至覺得「驢子好可憐」。被虐待、承受過重勞務的驢子絕對有，但普遍來說，驢主還算照顧驢子，畢竟驢子是自己賴以維生的夥伴，感情總是有的。

況且，窮困國度的窮人並沒有相對富裕國度裡的人們想像中那樣「邪惡」，就只是「窮」而已，驢主若看到驢子生了病同樣憂心，美國客棧這類慈善機構提供免費的醫療資源，驢主同樣感激涕零。

村裡的浪驢

定居梅如卡後，不知打何時起，偶爾會在民宿外圍發現驢大便，我以為是附近鄰居牽驢子經過，聽到驢叫聲也不以為意。

有一天，我聽到民宿圍牆外燒熱水的爐子旁似乎傳來聲響，還伴隨了幾聲驢叫，迅速跑出去看，天哪，竟然是一頭驢子在吃民宿淋浴水灌溉出來的雜草！瞧那毛色就和大沙丘群後方的非洲野驢一樣，是瀕臨絕種的保育動物！再仔細一看，野驢跛了腳，而且整個右肩下落，看得人心疼。

我不敢打擾牠，想讓牠安靜吃飯。不一會兒，家族孩子們全圍了過來，搶著看驢子，我嚴肅又不失和藹地要他們稍安勿躁，不要驚擾驢子。這頭驢子相當溫馴，我和孩子們甚至可以摸摸牠。

就在這時，貝桑媽媽拿了棍子要把驢子趕走，被我們聯手擋了下來。我說讓驢子吃這些草沒關係，貝桑媽媽卻說驢子會偷吃她要給羊群的草料，非趕走不可。犯了貝都因傳統大忌忤逆婆婆的我讓她老人家很生氣，直說等貝桑回來，非叫他把驢子趕走不可，還要我們把驢子牽得離她的羊群遠一點。

我和孩子們這才去找繩子，套在驢子脖子上，半推半拉，把牠拉離了羊棚稍遠，這也才發現驢子好聰明，願意讓我親近、擁抱，孩子們擠在一旁牠也完全不反抗，是一頭安靜沉穩的好驢子。而且牠好乾淨，身上完全沒有動物的味道。

相反地，一聽到貝桑媽媽的聲音牠就想逃。

據推測，這頭驢子有可能是被馴化的野驢，曾被當家驢使用，因為受了傷，無法幫主人馱重物，就被「放生」，成了一頭流浪驢，既無法回沙漠深處，也不可能再被驢群接納，而且以牠的傷勢恐怕也無法在沙漠存活，只好在村子附近流浪，尋找食物。我相信牠一定不只「偷吃」了貝桑媽媽要給羊群的草料，不只被她用棍子驅離過，這甚至是牠的日常。

我想留下驢子，保護牠不受人類傷害，貝桑媽媽不肯，之於她，一頭無法工作的驢子只是浪費草料而已，說「非洲野驢是瀕臨絕種的保育動物，很珍貴」也只是白費唇舌。

當天晚上，我和貝桑為此事激烈爭吵。

貝桑不想留下驢子，他說野驢需要自由廣闊的空間，圈著，驢子不開心，而且驢子需要大量各種草類，我們養不起，不如讓驢子自由覓食。但他同樣對驢子有很深的情感，擁抱牠，直說牠好漂亮後，才拍拍驢背，要牠離開。

半夜，我情緒激動地無法入眠，尋找月夜裡的驢，只見牠靜靜趴在貝桑媽媽羊棚旁的空地上休息。我在牠身邊坐下來，牠任我擁抱，我把繩子套上牠的脖子，對牠說：

「你睡這裡，明天早上被貝桑媽媽看到，又會一陣好打，還是跟我走吧，我想辦法保護你。」驢子溫柔地看著我，不動。

我懂牠的意思，懂得牠知道要自行避開對牠有敵意的人類，就像一聽到貝桑媽媽的聲音就會機警跑掉一樣。

我在驢子身邊帶著溫柔的悲傷，靜靜地掉了很多眼淚。

我謝謝牠的出現，給我很大的禮物，讓我再度看見相同的難題——與當地人的文化差異及因之而來的衝突，之前照顧野生耳廓狐麥麥時，不也是如此？

對我來說，用棍子驅趕來覓食的受

一隻原本自由活在沙丘群裡的野生耳廓狐，因誤入男孩陷阱而被截肢，我帶牠去首都動物醫院就醫後收養在民宿裡，取名為麥麥。

傷野驢，那和用棍子趕走來乞討的乞丐一樣，非常殘忍，更何況驢子吃的是民宿淋浴水灌溉出來的野草，那是神給的，不是人種的，驢子當然有權利吃。

但能怪貝桑媽媽嗎？她終其一生都是遊牧腦袋，承平時期，遊牧民族或許可以和野驢家族和平共處，一遇乾旱，水草不足，吃草的野驢或許就是羊群在沙漠的生存競爭者了。

我想照顧這頭野驢，主要是因為牠受了傷，我不忍心，而且孩子們說有時候村裡會有小孩想騎到驢子身上，欺負牠。

但貝桑說的對，野驢生性需要遼闊空間，被圈養在民宿，不會開心的。

沙漠裡的金合歡樹與野驢母子。

能怎麼辦呢？沸沸揚揚號召眾人在沙漠成立「受傷野生動物療養區」？先不論資金來源與可執行度，即便設立了又如何？對當地能有何影響？恐怕也只是和麥麥一樣，「與世隔絕」地存在，與當地傳統宛若平行世界。

到底什麼才是我心目中的理想劇本？

我想是讓受傷野驢可以自由覓食，不受人類侵擾，直到生命的盡頭。

我不知驢兒去了哪裡？而我可以為牠做的是帶著愛祝福牠，在民宿外圍多澆些水，好多長些野草，若哪天驢兒再度路過，隨時歡迎牠來用餐。

更真實的是，這世間沒有誰需要被拯救，也沒有誰真的「救」得了誰，所有生靈皆活在一張巨大無形的生命網絡之中，彼此牽動。如我，只是單純不願浪費珍貴水資源，用淋浴水來粗淺灌溉，並不管會長出什麼，但那草便不在預期中成了驢兒的食物，意外帶來這場美麗相遇與珍貴啟示。

撒哈拉的一切不時讓我學著放下掌控，讓生命自然顯現，自由流動，神的安排比我所能想像的更加豐盛潔美，當我能夠放下自我偏執，才能「看見」那無處不在的神聖恩典。

【貳】撒哈拉民俗風情

聘禮。

〈娃娃新娘〉描述三毛房東女兒姑卡九歲便出嫁的故事，許多讀者相當好奇，她筆下的撒哈威婚禮活似野蠻原始的奇風異俗，究竟是否為真？

首先是結婚年齡。

遊牧女子確實相對早婚，今日約二十出頭便走入婚姻，傳統約十七歲左右。據我在西撒多次訪談耆老，撒拉威人即使早婚，都不至於把女兒在九歲時就嫁出去，原因很簡單，九歲只是個孩子，什麼都不懂，可以等到女孩兒十六歲之後再論及婚嫁。

再者是聘禮。

三毛寫道：「聘禮是父母嫁女兒時很大的一筆收入。過去在沙漠中沒有錢幣，女方所索取的聘禮是用羊群、駱駝、布匹、奴隸、麵粉、糖、茶葉……等等來算的。現在文明些了，他們開出來的單子仍是這些東西，不過是用鈔票來代替了。」阿布弟送來二十萬西幣做為迎娶姑卡的聘禮，讓三毛不以為然地說：「這簡直就是販賣人口嘛！」

婚喪喜慶等生命禮俗各地傳統不同，就我在撒哈拉的田野調查，絕大多數情況下，提親時，夫家會贈送禮物給新娘的家人；結婚時，夫家會帶著大批禮物去迎親，額度則依據夫家財富而定，前來參加婚宴的賓客則會帶各式禮物送給新人，如布料、茶葉、糖與毯子等日常用品，富裕家族的親屬甚至會贈送駱駝當作新婚賀禮。夫家會給新娘些許金錢，卻遠非我們認知的聘禮，女方家庭並不會因此獲得任何形式的「收入」，尤其夫家贈與新娘的所有財物與金錢歸屬於新嫁娘一人，而非新娘的原生家庭，以後即便離婚，夫家都不能將已經贈送給新娘的金錢或任何物資拿回去，這是伊斯蘭保護女性的傳統做法。

另一個重要考量是姑卡父親，也就是三毛房東罕地本身的經濟狀況。

據三毛描述，罕地的工作是警察，將女兒姑卡嫁給屬下、同樣是警察的阿布弟。

西班牙殖民時期在西撒設有撒哈拉領土警察（Policía Territorial del Sahara），其前身是一九二六年在朱比角（Cabo Juby）的原住民警察（Policía Indígena），三〇年代轉為遊牧部隊團（La Agrupación de Tropas Nómadas，簡稱ＡＴＮ），既執行戰鬥、掩護與偵查等軍事任務，也負責資源與人口監管、部落衝突的仲裁、邊界管控、查緝走私與執行法律等，直到一九五九年十月由領土警察取而代之。

撒哈拉領土警察成立於一九六〇年，由總督管轄，執行如維護公共秩序、邊境監視、調查和情報、起訴犯罪、保護人民與財產等任務，確保民眾遵守法律。當時約有一千兩百名撒拉威領土警察散居各地，直到一九七六年才解散。

撒拉威領土警察領有西班牙政府薪水，罕地為西班牙政府工作了二十幾年，極可能早期是軍人，在撒拉威人中的經濟狀況應該頗為富裕，並在當地擁有一定聲望與權力。三毛也說，附近每戶人家，「不但有西國政府的補助金，更有正當的職業，加上他們將屋子租給歐洲人住，再養大批羊群，有些再去鎮上開店，收入是十分安穩而可觀的。所以本地人常說，沒有經濟基礎的沙哈拉威是不可能住到小鎮阿雍來的。」

罕地有固定薪資、擁有屋舍且以高昂租金出租給歐洲人，甚至享有為西班牙官方工作的警察威望與權勢，應該更不至於需要「賣女兒」才對。

婚宴。

姑卡哥哥向祖母借了一個女黑奴來婚宴裡打鼓、高歌，「這時房內又坐進來三個老年女人，她們隨著鼓聲開始唱起沒有起伏的歌，調子如哭泣一般，同時男人全部隨著歌調拍起手來」，屋裡只有男人，年輕女人全擠在窗外聆聽，徹夜慶祝。

我參加的幾場撒哈拉婚禮整體流程與三毛的文字相當吻合。

在傳統中，遊牧社會的性別區隔相當嚴明，時至今日，偏遠鄉間若人數眾多，用餐時男女分桌，婚宴尤其明顯。若宴會主人擁有兩間以上的空房，男賓使用舒適的大空間，女賓與孩子們使用另一間，若只有一間房，女賓與孩子們往往待在院子裡，或是另行搭建帳篷。

鼓與歌聲是撒拉威婚禮僅有的音樂元素，所有婚宴參與者雙手拍著節奏，引吭高歌，由於旋律變化少，所以聽在三毛耳裡，「鼓聲仍然不變，拍手唱歌的人也是一個調子」。

事實上，撒拉威傳統曲調的變化在歌詞裡，由男方一人引領眾人吟唱，時而男女對唱，不時有即興創作，吟唱對新人的祝福、愛情的甜美、沙漠生活的歡喜憂傷以及對未來的想望等，可說是集體即興詩歌創作。眾人往往從夜晚吟唱至天亮，歌聲裊裊，隨伴鼓聲，在荒漠中迴盪不已，很是動人。

婚宴也是撒拉威傳統歌舞展演的場合。在眾人拍手唱和的氛圍中，十歲到二十五歲之間的女孩子偶爾會即興起舞，只見她們忽地跪地以布巾遮住臉龐，雙手、肩膀、身軀與頭部隨即跟著眾人的歌聲和節奏擺動，這時大家會將她團團圍住，繼續拍手唱和，直到舞罷換人。（參考一三七頁照片）

婚前守貞。

〈娃娃新娘〉描述新婚之夜，姑卡的恐懼、哭泣、哀叫，最後「等到阿布弟拿著一塊染著血跡的白布走出房來時，他的朋友們就開始呼叫起來，聲音裡形容不出的曖昧」，三毛認為在撒拉威人的觀念裡，「結婚初夜只是公然用暴力去奪取一個小女孩的貞操而已」。

婚前守貞是常見的傳統社會觀念，尤其伊斯蘭律法（charia）禁止男女婚前性行為，只是在執行層面，對女性的限制與囚禁尤大。

就我參加幾場摩洛哥婚禮的現場觀察，無論城市、鄉村或沙漠，新嫁娘的貞操確實備受重視，但不至於拿著染血的白布出來展示，眾人對於結果往往是心知肚明。若新娘已非完璧，夫家與娘家都會覺得受到羞辱，下場很可能是立即離婚。

二〇一一年我曾受邀參與一場在塞拉（Salé）舉辦的婚禮，慶祝進行到一半，所有賓客都以各種名義被請了出去，並被要求一小時後再回來。我和邀請我參加婚宴的摩洛哥女性友人坐著計程車四處閒晃，忍不住問她，為什麼我們得在街頭浪費時間，不能回去？

好一會兒，友人才尷尬地說，因為新嫁娘年僅十七，對性事一無所知，等新郎和她完成第一次性行為之後，新郎母親確定了她的貞潔，就會一一通知賓客回去參加下半場的慶祝會。

澡堂體驗。

〈沙漠觀浴記〉一文描述了三毛的澡堂體驗。

三毛說她一進門，第一個小房間有幾條鐵絲橫拉著，撒拉威女人的衣服就掛在上面，進去後必須脫衣服、拿水桶，再進去第二個空間，那裡有一口深水井，女人們汲水、洗澡，再進去第三個空間：「一陣熱浪迎面撲來，四周霧氣茫茫，看不見任何東西，等了幾秒鐘，勉強看見四周的牆，我伸直手臂摸索著，走了兩步，好似踏著人的腿，我彎下身去看，才發覺這極小的房間裡的地上都坐了成排的女人，在對面牆的那邊，一個大水槽內正滾著冒泡泡的熱水，霧氣也是那裡來的，很像土耳其浴的模樣。」

這其實就是 hammam，北非普遍可見的公共浴池，俗稱「土耳其浴」，最早源於古羅馬浴場，是包含了冷水、熱水與蒸氣浴的龐大公共浴池。今日土耳其浴的形式來自鄂圖曼帝國。

土耳其浴的澡堂通常有四個空間，每間溫度不同，從室溫、微熱到高溫。第一間是入口與衣帽室，第二間是沒有暖氣加熱的洗澡間，第三間會適度加熱，最後一間是熱氣蒸騰的高溫室。四個空間由一條走道接連，而此一特色在三毛詼諧的筆下，成了「這個麵包房子不知一共有幾節」。

在北非，土耳其浴已是一種儀式，無論身分地位為何都會來此淨身沐浴。穆斯林認為土耳其浴是一種非常徹底的清潔方式，讓他們可以在祈禱前淨身得更完整。古早年代水取得不易，平日僅簡單洗淨手腳，一周上一次澡堂才徹底清潔全身。若是荒野裡住帳篷的遊牧民族，則會搭建臨時的洗浴小棚子擦洗全身。

另一方面，三毛看見澡堂裡每個女人洗澡「都用一片小石頭沾著水，在刮自己身體，每刮一下，身上就出現一條黑黑的漿汁似的汙垢，她們不用肥皂，也不太用水，要刮得全身的髒都鬆了，才用水沖」。

這段描寫有些誇大且違背常理，撒拉威耆老亦不曾聽聞用小石頭刮澡的習慣，反而讓我想起摩洛哥特殊的傳統潔身產品，被稱為土耳其浴三寶之一的「黑肥皂」（le savon noir，又稱 le savon Beldi）。

黑肥皂是一種純天然植物性的軟性皂，主要成分是橄欖油、黑橄欖萃取物，外表為黏稠糊狀物，不透明，顏色從棕色到褐黑色都有，有時偏綠。黑肥皂在摩洛哥相當普遍，售價低廉，至今仍是女性日常潔身用品，市面可見罐裝販售，舊市區亦買得到散裝。

摩洛哥女性進入澡堂後會先簡單洗淨，讓熱氣打開毛細孔。接著取適量黑肥皂與水混合，使其在手上變成泡沫非常少的乳脂狀，然後將黑肥皂塗抹全身。停留十分鐘左右後，再用表面粗糙的擦澡手套用力搓洗身體，直到搓下壞死皮膚，身上出現灰色甚至黑色細屑，最後才以清水淨身。他們也會用浮石刮除腳踝硬皮。

如果將三毛描述放入北非澡堂文

摩洛哥澡堂普遍用黑肥皂與浮石來洗淨全身汙垢。黑肥皂售價低廉，市集售有散裝，可秤重購買，另有小包裝，夠單次使用。

化脈絡當中，不難想像其情景。我推測三毛看到的很可能是撒拉威女人在澡堂使用黑肥皂以及浮石之類的產品，由於黑肥皂幾乎不起泡，讓三毛誤以為她們不用肥皂，也因為黑肥皂塗抹後需在身上停留幾分鐘，再用表面粗糙的物品刮除死皮與汙垢，以至於三毛以為她們是用石頭刮澡。

勃哈多海灣與洗腸。

三毛在〈沙漠觀浴記〉提到大西洋海灘上有相當獨特的洗腸風俗，文中「從小鎮阿雍到大西洋海岸並不太遠，來回只有不到四百里路」的「勃哈多海灣」，應指現今的布吉杜爾（Boujdour），距離阿尤恩約一百八十八公里，來回的確不到四百公里。

布吉杜爾地名來自葡萄牙語 Cabo Bojador，此地長久以來都被歐洲人視為是世界的最南端，是不可跨越的邊界。沿岸海象詭譎，變幻莫測，來自沙漠的熱風可讓天候瞬間轉換，高大巨浪與鋒利岩石不時造成沉船，無數水手在此一海域喪生，甚有海怪傳說，葡萄牙水手視為畏途，稱之為「恐懼之角」（Cabo do Medo）。

一四〇五年十月，風暴橫掃迦納利王（Jean de Béthencourt）乘坐的三帆船，卻也使其越過布吉杜爾海灣，成為第一個在非洲海岸著陸的人。爾後，葡萄牙人不斷尋找前往印度群島的航線，一四三四年，埃阿尼什（Gil Eanes）成功越過海灣，為葡萄牙的非洲探索打開新道路。

布吉杜爾最初是一個位於燈塔周圍的漁村，西班牙人約於一八八五年在鄰近一帶建立殖民據點，直到一九七五年離開。

一九七六年開始，在摩洛哥政府大筆投資下，布吉杜爾進入新成長。現今的布吉杜爾宛若沙漠裡的清新島嶼，生態豐富，野生動物活絡，可見狐狸、鬣狗、野貓、狼、蹬羚、山羊和駱駝，偶爾舉辦賽駱駝，也會到其他地方參賽。布吉杜爾生產各式手工藝品，如皮革、金屬（主要是銀）和木工，以及黑色羊毛製成的撒哈拉帳篷，並設有海水淡化廠。

白色海灣裡的白色帳篷是西撒獨特的自然與人文風情。

三毛形容：「我們的車停在一個斷岩邊，幾十公尺的下面，藍色的海水平靜的流進一個半圓的海灣裡，灣內沙灘上搭了無數白色的帳篷，有男人、女人、小孩在走來走去，看上去十分自在安詳。」看在三毛眼裡，宛若桃花源。

今日的布吉杜爾附近海灘已成知名觀光勝地，不時有摩洛哥與歐洲遊客前來戲水，海灘一帶做了許多規劃及建設，相當適合戲水、散步、遊玩，但我們在布吉杜爾與阿尤恩四處詢問，不曾有人聽聞三毛文中以海水灌腸來洗滌身體的風俗，甚至覺得這種方式相當不可思議。

在布吉杜爾數公里外，我們找到一處「搭了無數白色的帳篷」的隱密海岸，住著好幾個前來海灘避暑與度假的撒拉威家庭，同樣也沒有任何洗腸風俗的跡象。

另一方面，「白色的帳篷」倒是特別值得一提。在撒哈拉活動的遊牧民族多半用深棕色駱駝毛或羊毛織成的黑帳篷，唯有西撒一帶的撒拉威人使用白帳篷，可見三毛觀察入微，記錄詳實。

撒哈拉遊牧民族常見的黑帳篷，以深棕色駱駝毛與羊毛織成。

西撒特有、撒拉威人使用的白帳篷。

蓄奴。

三毛數度提到黑人奴隸的存在。〈娃娃新娘〉中新娘姑卡的哥哥從祖母那裡借來一位女黑奴，在婚禮和婚宴中打鼓助興；〈第一個奴隸〉說的是在沙漠深處偶遇奴隸，獲贈羊皮鼓的故事。最詳細的一篇則是〈啞奴〉，描述一個受到奴役與壓迫，人身不自由，工作勤快細膩，心性遠比撒哈威人寬廣溫柔的黑人奴隸。故事裡，啞奴的最終命運是被迫離開心愛的家人，被賣到了茅利塔尼亞。

如此動人的故事或許讓人難以置信，但奴隸貿易在非洲事實上存在已久，甚至是早年跨撒哈拉貿易線最貴重的「貨物」之一。可供販售且身分為世襲的奴隸有個專有名稱叫「哈拉廷人」（Haratin），現今集中在茅利塔尼亞，占茅國總人口百分之四十。茅利塔尼亞直到一九八一年才正式廢奴，是世界上最後一個正式廢除奴隸制度的國家。

早在古羅馬時期北非就已存在蓄奴，奴隸被視為會說話的工具。中世紀時，阿拉伯穆斯林國家加強了奴隸貿易，使其擴大並成為長達十三個世紀的國際黑奴貿易。奴隸來自撒哈拉以南，原本是自由人，被綁架或在戰爭中被俘虜後，強行帶到北非成為貿易商品，與黃金、象牙及鹽巴一起成為跨撒哈拉貿易線最值錢的商品。十七世紀的蘇丹穆萊・伊斯邁（Moulay Ismaïl）甚至用黑奴建立了一支黑色禁衛隊來拓展疆土、鞏固權力。馬拉喀什一度擁有全摩洛哥最大的奴隸市場。

進入現代，廢奴呼聲愈來愈高。在法國政府執法下，摩洛哥的蓄奴於一九二〇年代正式被視為非法行為。

一般來說，黑奴在摩洛哥受到的

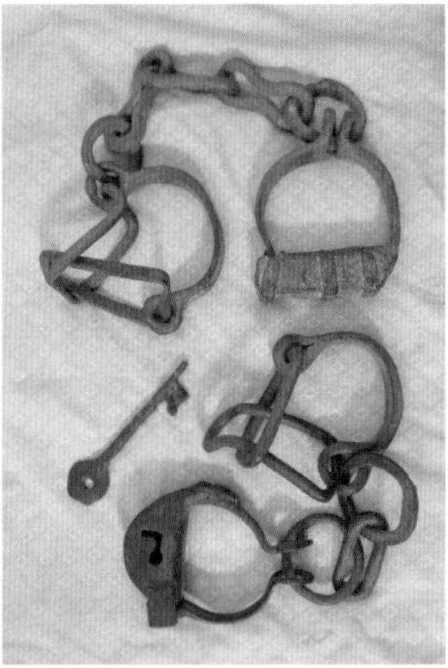

當年限制黑奴行動的手銬腳鐐，約有百年以上歷史的古董。

黑色非洲的古董木雕，年代不詳，人像的五官與髮型明顯有非裔色彩，身體姿態呈現被綑綁狀態，脖子與身上綁著麻繩，呈現黑奴的痛苦、悲傷與不自由。

待遇不全然如三毛文中那樣悲慘，獲得自由甚至財富地位者，依然有之，尤其這些黑奴往往會皈依伊斯蘭，而穆斯林禁止將同為穆斯林的人們當成奴隸。

另一個關鍵則在加納利群島，這個直線距離阿尤恩約一百公里，同時也是三毛與荷西最後安居之處，早年在大西洋黑奴貿易史上曾經扮演非常重要且特殊的角色。

若不論跨撒哈拉貿易線裡的黑奴貿易，最早展開西非沿岸奴隸貿易的其實是葡萄牙人。十五世紀下半葉，葡萄牙人從西非沿海販運黑奴到國內充當家務和農業勞動力，或將之帶到馬德拉群島、加納利群島和佛德角群島等大西洋島嶼的甘蔗園裡工作，每年人數高達五百到一千名。直到十六世紀初，黑奴貿易的價值尚且遠遠不如黃金、象牙、胡椒等非洲商品。

加納利群島約在十五世紀落入葡萄牙之手，移居前來的葡萄牙人不時與島上原住民產生衝突，當地的土地雖不富饒，卻因為在十五世紀下半葉成為奴隸貿易中轉站，以及商船往返歐洲與美洲之間的補給站，創造了相當可觀的利潤。

今日的阿尤恩耆老依然對蓄奴有印象，說早年西撒一帶曾有黑奴，後來才慢慢消失不見。在耆老口中，蓄奴成了一件稀鬆平常的事。

摩洛哥在一九二〇年廢除奴隸制度之後，漫長的蓄奴史早已雲淡風輕，唯有生鏽的手銬腳鐐訴說著當年被奴役的悲痛與沉重，來自黑色非洲的古董木雕呈現著奴隸失去自由的淒涼無奈。

如今在各個行業皆可見到黑奴後裔的蹤影，深色的肌膚透露著他們身上留有當年受奴役祖先的血液，但早已是自由人的他們，認同的是自己的摩洛哥／穆斯林身分，而非被擄來的非洲遠祖。

三毛筆下的黑奴沒有聲音，但北非奴隸貿易史卻在摩洛哥傳統音樂格納瓦裡吟唱著。這種特殊曲風來自早先的黑奴，尤以黑色金屬樂器「嘎蓋叭」（qraqeb）為標誌，以嘎蓋叭敲打節奏，模仿當年手銬腳鐐的聲音，吟唱對自由與愛的渴望。

如今，格納瓦音樂已經成為摩洛哥特有文化之一，知名景點皆可見格納瓦樂師的身影。格納瓦音樂早已遠非由黑奴後裔獨享，二〇一九年十二月更被列入了聯合國教科文組織非物質文化遺產。

格納瓦樂團。

參與演出的小孩手上拿的樂器即是嘎蓋叭。

格納瓦是摩洛哥現代繪畫熱愛的主題之一，有著深色皮膚的格納瓦樂師手持嘎蓋叭，歌唱著，跳舞著。

審美觀。

姑卡在婚禮中被打扮成胖胖的新娘：「在沙漠裡的審美觀念，胖的女人才是美，所以一般女人想盡方法給自己發胖。平日女人出門，除了長裙之外，還用大塊的布將自己的身體、頭臉纏得個密不透風。有時髦些的，再給自己加上一付太陽眼鏡，那就完全看不清她們的真面目了。」

看到這段文字，我忍不住笑了起來。

今日的沙漠女子依然日日身披展開來即成一大塊布料的媚荷法，傳統上多為茅利塔尼亞手染布，質地較佳且細緻美麗，不過如今也有中國進口的，價格低廉且清洗方便。由於撒哈拉陽光熾盛，城裡女性儘管全身包裹著長布，確實還是會配戴時髦的太陽眼鏡。

撒拉威人向來喜歡大眼睛、白皮膚且身型圓潤的女子，今日的審美標準也依然以胖女人為美。

二十一世紀的今天，貝桑那位阿尤恩出生、長大的姪女，在二十歲時由父母幫忙談定了婚事——婚前只看過未來丈夫的照片——一待確定了婚期，她每天努力吃胖自己，想當個皮膚白皙、身軀圓潤肥軟的美麗新娘，而我送她的臺灣美白面膜便成了最佳新婚祝福。

曾有位撒拉威藥草師抓了一把某種撒哈拉野生植物的種子送我，開心地跟我說，這種野生種子非常好，可以增肥，要我每天舀一湯匙種子，磨碎，與橄欖油及蜂蜜混合，日日服用，很快就會白白胖胖，圓潤豐美。現今摩洛哥沙漠地帶的草藥鋪裡也會

身形豐滿圓潤，大眼，皮膚白皙的撒拉威美女們，她們穿著上黑下淡藍的撒拉威女性傳統節慶盛裝，並以綴滿假珠寶的髮片裝飾額頭。

販售現代的按摩霜，使用後可讓臀部變得更大、更美。

由於崇尚胖女人，摩洛哥因肥胖而引起的糖尿病等發生率一直居高不下。

能讓臀部或胸部更加豐滿的按摩霜。

近乎需索無度的習性。

許多人對〈芳鄰〉裡那些借了不還、不問自取且什麼都借的撒哈拉風俗印象深刻。一個「在醫院做男助手的沙哈拉威人，因為受到了文明的洗禮，他拒絕跟家人一同用手吃飯」，每天差遣小孩來借刀叉，三毛不勝其擾，乾脆買一套送他，小孩依然每天來借，因為「我媽媽說那套刀叉是新的，要收起來」。又如姑卡，偷偷拿走三毛的高跟鞋，留下「黑黑髒髒的尖頭沙漠鞋」，讓三毛臨要出門卻找不到適合參加酒會的鞋，她卻一副理直氣壯。

三毛說，如果拒絕出借，便是傷害了對方的驕傲，偏偏當她自己需要借用東西時，這些人卻未必願意出借。這等近乎需索無度的習性，同樣是我在沙漠的生活日常。

沙漠女人和小孩來找我，一進房間，只差沒馬上翻箱倒櫃，看到喜歡的東西就會直接開口要。我若拒絕，他們就開始裝可憐地索討，有些小孩甚至直接翻我的行李箱，熟練的姿態常讓人誤以為他是在百貨公司周年慶的花車挑貨！放在民宿冰箱的食物更是時常不翼而飛。除了諸如此類不等情事，在沙漠定居不稍多時，附近鄰居小孩身體稍有不適，第一件事情就是來找我拿藥順便討糖果吃。

看似需索無度的背後，主要是沙漠傳統裡個人色彩較淡，較無私人領域與私人財產的觀念，一切資源共享，水源、土地、牧草，全是阿拉賜予，而在移動遷徙的經濟形態裡，也只有共享，才能讓整個家族甚至整個部族都可以在艱困的生存條件中活下去。

曾有一位遊牧老人對我說，即使他只剩一壺水，眼前還有漫長的路要走，如果遇到有人餓了、渴了，即便是陌生人，他都願意分他一口水喝。一來分享與幫助他人是伊斯蘭傳統，二來誰都不知道在沙漠哪時會需要他人的幫助。

遊牧民族的腦袋與內心世界一如沙漠地貌，無邊無際，且與天地融合，既無明確的你我，也不存在界線，遑論個人界線，哪兒有水草，就一塊兒趕羊往那兒生活去。直到乾旱結束了遊牧時代，他們走入定居、農耕、商業貿易與觀光業，「圍牆」甚至是土地訴訟才慢慢出現。

另一方面，這當然也是人的劣根性。外國人的生活再怎麼簡樸，在物資不豐的撒拉威人眼裡都是富豪，對某些人來說，往往是能拿就拿，而且拿得心安理得。

吸食大麻。

三毛曾在〈寂地〉提及一個名叫哈那的老頭，知道通往臉猖的路徑，但因常常吸食大麻，老是「在迷魂煙裡飄著」，迷迷糊糊，說話不算數。

沙漠並不產大麻，但摩洛哥北部的里夫山區盛產大麻，大麻種植是當地的悠遠傳統。早在西元七世紀，大麻就已隨著阿拉伯人抵達馬格里布區。十五世紀，大麻走入柏柏爾族桑海傑人的重要據點喀塔瑪（Ketama），開始在里夫山區種植並流通到各地。今日的摩洛哥更是世界第一大的大麻生產國和出口國。

如今摩洛哥外銷的是濃縮提煉過的大麻樹脂（hashish），本地人吸食的則是混合菸草（kif）。里夫的混合菸草傳統作法是三分之二大麻與三分之一黑色菸草的混合物。

用來抽大麻的管子叫做「賽布希」（sebsi），通常用橄欖木製成，但各地的菸管形式與材質不同。最常見的形式是一根長長的中空管子，尾端上凹成一個盛放菸草的空間。

撒哈拉的菸管較短，一頭粗，一頭細，約一根香菸長度。吸食時，嘴巴含住細的那頭，較粗的開口則放菸草。菸管材質可用金屬、烏木、獸骨與獸角，以手工打磨而成，不乏精緻優雅的手工藝品。高雅細緻的手工菸袋內則有三個小空間，分別放置菸管、火柴與菸草。

抽大麻專用的賽布希。

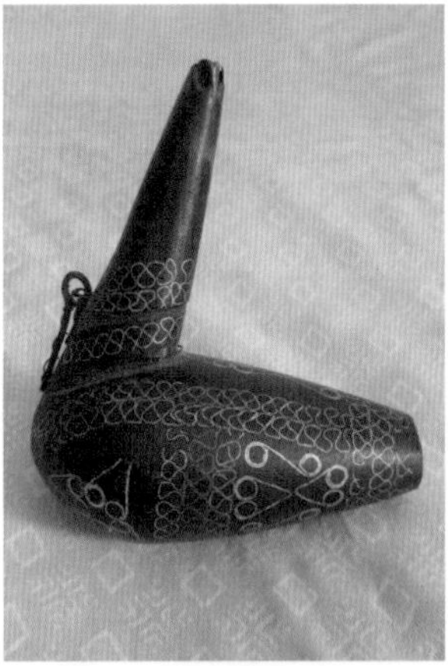

撒拉威風格的精緻木菸斗。

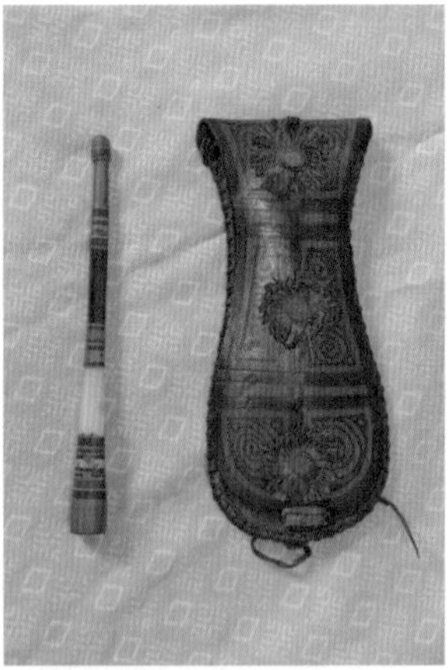

細長嬌小的典型撒拉威菸管和專用菸袋，以羊皮製成，彩繪幾何圖案。

傳說中的「三杯茶」習俗。

三毛在〈第一張床罩〉描述自己到朋友家作客、喝茶，「那頓茶，得喝三道，第三道喝完，就是客人告辭的時候了。」

撒拉威人真的只招待客人喝三杯茶，一旦客人喝完第三杯茶就得告辭嗎？

首先講茶。

味道極甜的摩洛哥甜茶讓許多外來遊客印象深刻，或稱之為「阿拉伯薄荷茶」、「阿拉伯茶」。

摩洛哥市面販售的茶葉是來自中國的綠茶，家家戶戶都有一套慣用的飲茶用具，除了茶葉、糖磚、茶壺、玻璃杯等，較講究的還備有煮茶用小茶几與敲糖磚專用的金屬槌等。

摩洛哥茶得用小火煮開，而非我們慣於的熱水泡開，煮茶時也有一套既定程序。

煮茶時，首先將茶葉放入茶壺，加入清水，輕輕搖晃茶壺，稍微清洗茶葉後，把水倒掉。接著再放入一杯清水，並把茶壺置於小瓦斯爐上煮。待壺裡的水沸騰，將茶湯倒入玻璃杯，再將清水倒入茶壺，置於爐子上，待水滾沸，把水倒掉，將擱置在旁的那杯茶湯倒入茶壺，添加清水，再將茶壺放回爐子上，待水再度沸騰，便以玻璃杯或糖磚槌俐落敲下一小塊糖磚，放入茶壺，接著將淡褐色茶湯一一倒入玻璃杯，再將茶湯倒回茶壺，反覆數次，直到茶湯與糖均勻混合，溫度因在茶壺及玻璃杯之間反覆傾倒而降到可以入口的程度，便將茶湯倒入玻璃杯，即可飲用。

摩洛哥有些地方會在茶煮好之後，將洗淨的新鮮薄荷葉放入茶壺裡，增添

撒拉威精緻茶壺、糖磚與糖磚槌。

撒哈拉混合乾燥野生植物。

風味。南部沙漠地區常見的喝法則是在煮茶時將阿拉伯膠或乾燥後的野生植物放入壺裡，與茶葉一起烹煮，加糖。當地人認為野生植物茶具有療效，有益健康，各家配方不同，可依個人喜好自由調配。

剛到摩洛哥，我喝不慣又甜又膩的煮法，還是習慣用熱水泡茶而且不加糖，喝了一陣子卻胃痛，因為綠茶寒、傷胃。

有回在遊牧民族帳篷裡，第一次喝到用炭火煮開的甜茶，一股炭火與焦糖香讓茶格外好喝！尤其身體在北非乾燥酷熱的環境裡極度疲憊，適時飲下甜茶，同時補充糖分與水分，極為舒服。

城裡人以瓦斯爐小火煮茶，遊牧民族即使已經定居，往往仍然保有以爐炭煮茶的習慣。家族親友聚會時，用傳統的小型皮製鼓風器（皮風箱）讓火苗升起，炭火緩緩燒成紅色，煮著茶，大家悠閒地聞著茶香與糖香，舒適地閒聊、喝茶。

茶具方面，遊牧民族專用的茶壺較圓較小，外殼會塗上一層琺瑯，易於隨身攜帶。撒拉威富豪人家的茶壺則往往以精緻手工雕刻，風格獨具。

然而，我不曾在摩洛哥任何一地聽聞客人喝完三杯茶就得告辭的習俗。遊牧民族特別好客，再怎麼窮都會從帳篷裡挖出最美味的食物，只怕怠慢了客人、

許多撒拉威人即使已定居城市或綠洲，依然保有傳統煮茶方式，使用三毛曾提及的皮風箱和鐵皮炭爐子。

遊牧民族煮茶的方式與城市不同，野地撿柴，就地生火，以炭火餘燼慢慢煮出來的茶往往帶有焦糖香。

深怕客人餓著肚子回去，客人告辭時往往一再挽留。問及老一輩是否有三杯茶的習俗？只見老人家面面相覷，揮揮手說：「客人想喝多少就多少，沒有趕客人離開的道理。」

直到二〇一九年前往阿爾及利亞的撒哈拉沙漠，我才首次從當地圖瓦雷格導遊口中聽到「三杯茶」的故事。

導遊說，傳統圖瓦雷格族煮茶時，會將茶壺裡裝滿茶葉，反覆煮過三回後，才會將茶葉倒掉。每煮好一回，在座每人一杯，喝完之後，茶壺裡加水與糖，再煮一次，一共煮過三回，亦即現場的每一個人都會喝到三杯茶。

導遊說，圖瓦雷格茶道（attaï）有句俗諺：「第一杯茶就像生命一樣苦澀，第二杯就像愛情一樣濃烈，第三杯則像死亡一樣甜美。」

我驚訝地問，圖瓦雷格諺語真的這樣說？

他拍拍胸脯說是真的，還要我儘管上網查，類似說法還有很多呢！

指甲花彩繪：黑那。

相比於當時阿尤恩的其他歐洲人，三毛算是非常融入撒拉威文化。

〈死果〉一文中，齋戒月即將結束，穆斯林忙著宰羊與駱駝，慶祝開齋，女人們用「黑那」妝點自己，三毛入境隨俗地做了相同打扮，「將我的手掌染成土紅色美麗的圖案」。

文中的「黑那」（henna），就是臺灣社會愈來愈熟悉的指甲花彩繪。

指甲花又名散沫花（*Lawsonia inermis*），在印度、巴基斯坦、伊朗與摩洛哥皆有大面積

指甲花內含紅橙色的染料分子「指甲花醌」，葉子、果實及種子都有，又以葉子尤其葉柄的含量最高。

商業栽培，是一種用途廣泛的植物，可做為羊毛與皮革的染料，亦可用來染髮，尤以美體染料最廣為人知。

在摩洛哥，每一場婚禮必有指甲花彩繪儀式。婚禮當天，專門描繪黑那的婦女會先為新嫁娘細細描繪雙手與雙腳，妝點她的美麗，再為參加婚宴的女性賓客彩繪。一場婚宴中，無論女性賓客有幾位，絕不會有誰的黑那一模一樣。聚在一塊兒畫黑那，欣賞彼此的黑那，也是撒拉威女性參加婚宴最大的樂趣之一。

指甲花彩繪非常普遍，有時女孩子們興致一來便會為彼此彩繪。若家中有賓客來訪，也會為女性賓客畫黑那，表達熱情歡迎之意。

完成彩繪後需等其自然風乾，讓顏色與花紋留在皮膚上。洗去黑那後的天然植物染會在

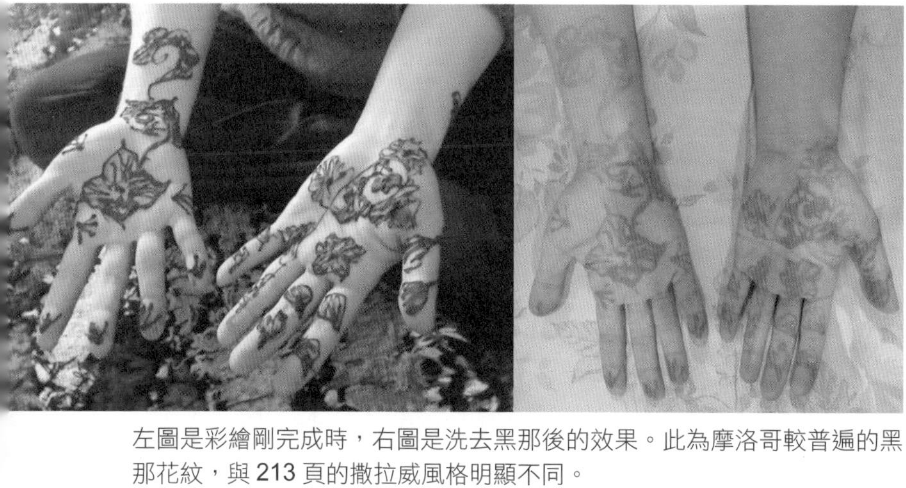

左圖是彩繪剛完成時，右圖是洗去黑那後的效果。此為摩洛哥較普遍的黑那花紋，與 213 頁的撒拉威風格明顯不同。

皮膚上呈現紅棕色。

一般來說，黑那專屬於女性，撒拉威男性一生中只有三次機會可以體驗彩繪。第一次是滿周歲時，母親會用黑那在他其中一隻腳底畫上圓形圖案；第二次是隔年滿兩歲時，黑那會畫在另一隻腳的腳底；第三次是在自己的婚宴當天，家族女性會在他的雙腳腳底和兩隻手的掌心畫上圓形圖案。

黑那材料可輕易購得，市面上有盒裝流通，亦可在市集購買散裝。使用時將粉狀黑那和水調勻，注入類似針管的工具裡，即可進行彩繪。

如同地毯編織，黑那是流傳在撒拉威女性之間的藝術與即興創作。小小孩兒跟在家人身邊，看著媽媽與姊姊彩繪，於耳濡目染中學會。

摩洛哥各地黑那彩繪風格略有不同，接近北部城市的黑那較多花朵型的具象圖案，並保留比較多的大面積留白，左右對稱。南部沙漠則更加繁複，常以細緻紋路描繪出宛如網狀的圖案，尤其強調指尖、手指前兩節與手掌，看似規規矩矩，卻又充滿靈動變化，兩手圖案未必對稱，有時左右手的手掌與手背是四個截然不同卻又相互呼應的圖案。

黑那用途廣泛，除了做為染料與身體彩繪之用，亦可做為藥物，具有消炎效果。

我們結婚時，家族婦女在新郎貝桑的手掌心以黑那簡單畫上圓形圖案。（攝影：Lindy Lee）

左邊為北部城市風格，較多花朵圖形，右邊是撒拉威傳統風格，較繁複細緻。

在物資不豐的遊牧社會裡，偶爾小孩跌倒、擦傷或割傷，母親會在傷口上塗抹厚厚一層黑那，再以布巾包裹。有回我扭到手腕，沙漠之中苦無藥物，貝桑媽媽便調了一碗黑那塗抹在受傷部位，再以布條包裹。

如今，前來摩洛哥的遊客多半可在大城市或飯店裡享受指甲花彩繪服務。一些偏鄉產地也不時舉辦「指甲花季」，促銷在地指甲花並刺激觀光業。

絕不會一模一樣的黑那。

撒拉威傳統黑那圖案。手掌心圖案，左右手不同。

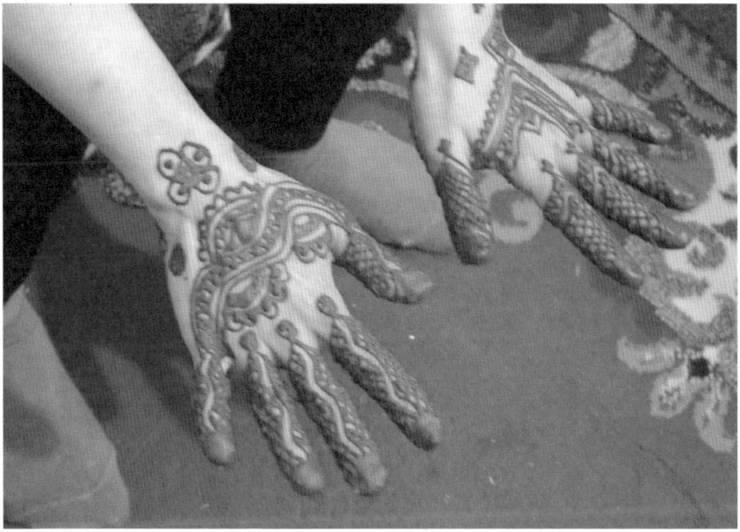

手背圖案，左右手不同，且與手掌心圖案不同。

攝魂與拍照禁忌。

〈收魂記〉裡，三毛和司機巴新送水到沙漠，順道提供些藥物給遊牧民族，一位老婦為了感謝，啞聲叫進幾個以黑布包裹身軀的蒙面女子，應該是她的媳婦和女兒。在三毛要求下，其中兩個露出淡棕色面頰，「這兩個美麗的臉，襯著大大的眼睛，茫然的表情，卻張著無知而性感的嘴唇，她們的模樣是如此的迷惑了我，我忍不住舉起我的相機來。」

拍了幾張照後，家族男人進來，看到三毛幫她們拍照，大吼大叫，說三毛用相機收了她們的魂，女子們驚嚇地縮成一團，直到三毛「當眾打開相機，把軟片像變魔術似的拉出來，再跳下車，迎著光給他們看個清楚，底片上一片白的，沒有人影」，所有人這才鬆了一口氣。

時代早已不同，現今即便是離群索居的遊牧民族都知道鏡子與相機的存在，也知道手機就可以拍照，只是他們不盡然喜歡成為被外國人鏡頭瞄準的焦點，尤其是女性。

首先是宗教因素。現代的穆斯林女性外出時還是會用頭巾包裹住頭髮、耳朵與脖子等，只露出臉龐，除了遮陽保暖等實質功能，更出於遮羞蔽體的需求，不同地區亦因應伊斯蘭規定而發展出不同的女性服飾，只有在丈夫、兒童與男性家人面前無須顧忌。

再來是傳統空間裡的性別區隔相當鮮明。遊牧民族相當保護女性，若來訪的賓客裡有男性，往往由家族年輕男孩為賓客奉茶，不讓女性露臉。若由女性奉茶，在端出茶與茶點之後，便得隱身到另一個空間，讓男性賓客所處的空間裡唯有男性。

即便進入二十一世紀，多數摩洛哥女性外出時依然會戴上頭巾，沙漠地帶尤其如此，就算是在熟人之間，也幾乎不可能看見露出頭髮的女性，就當地傳統來說，這是一種禮儀，以至於有些年長男性看到女性露出頭髮，反應就和看到裸體一樣。若有外人，女性還會用布巾遮住口鼻，僅僅露出眼睛。

正因如此，當三毛帶藥物給老婦人時，家族年輕女性並不在同一個空間內，直到老婦為了感謝三毛才叫她們出來，可見老婦對三毛的感恩與信任。但即便是這樣，年輕女性們現身時依然以布巾包裹全身，只露出眼睛，無怪乎當家族男子發現三毛對著她們裸露的臉龐拍照時，反應會如此驚駭了。

今日的摩洛哥雖無「相機可以攝魂」的說法，但摩洛哥人並不喜歡被遊客的相機對準，鄉下女性尤其忌諱。現在是一人一支手機的年代，即使是遊牧民族都知道社群網絡的存在，不想看到自己的影像在網路上任意流通，願意露臉、被拍攝者往往是有生存需求，希望拍攝的觀光客能夠付費。

在地用語與車子。

三毛有時會用音記下某些當地用語，如「夏依麻」意思是帳篷，阿語 خيمة，發音 khayma。〈哭泣的駱駝〉裡也曾簡短提到：「穆拉那是阿拉伯哈薩尼亞語——神——的意思。」「穆拉那」即「mounala」音譯。

我問母語為哈桑尼亞語的貝桑這是什麼意思？

他說：「就是神，阿拉。」

追問他這是哪一種語言，他驕傲地說：「不是柏柏爾語，是阿拉伯哈桑尼亞語，現在摩洛哥普遍都會用這個詞，也會出現在音樂裡。」

另一方面，三毛多次提到他們的車子。

沙漠路況不佳，許多地方完全沒有柏油路，只有車痕甚至是駱駝與驢子走出的痕跡，完全是「路是人走出來的」之寫照。

在沙丘上開車極易陷沙，別人走過的路徑可供判斷沙丘狀況是否適合行駛，駕駛時就像三毛所說：「車子很快的在沙地上開著，我們沿著以前別人開過的車輪印子走。」在沙漠開車除了仰仗熟練技巧與豐富經驗，車子本身更需具備特殊性能，如馬力強、輪子大、底盤高、耐操且維修容易，方能行駛在地勢多元且路況差的沙漠地帶。

三毛曾提到兩款適合沙漠地形的車款，一是朋馳，即為我們熟知的 Mercedes-Benz，另一款是昂貴又實用的大型吉普車「藍得羅伯牌」，即是 Land Rover，更精準說來，是 Land Rover Santana。

Santana 原是一家生產農用機械的西班牙公司，一九五八年成功轉型，取得 Land Rover 授權，生產 Land Rover Defender 系列，並於一九六二年開始銷往中南美洲與非洲，一九六七年更推出自行設計的車款。

在二十世紀六〇與七〇年代，Santana 主要以 Land Rover Defender 系列為基本車型，再加以改造，其性能相當適合地勢多變且路況不佳的非洲，加上西撒一九七五年前是西班牙殖民地，讓 Land Rover Santana 更容易在西撒銷售，在當地相當受歡迎。即便 Santana 公司已於二〇一一年解散，Land Rover Santana 至今依然在西撒奔馳，性能佳又容易維修，深受撒拉威人喜愛，甚至成了西撒的標誌車款。

Mercedes-Benz，三毛筆下在西撒的計程車「朋馳」，也是摩洛哥舊款計程車。

Land Rover Santana，三毛説的「藍得羅伯牌」大型吉普車。

車型更古老的 Land Rover Santana，車身有補釘。

神祕經驗。

三毛本身纖細敏感，筆下曾出現驚奇的「撒哈拉靈異事件」，除了〈死果〉，另有〈寂地〉。這裡並不打算驗證巫術是否真實存在，更不想檢視三毛個人經驗的真假，而是試著把她在撒哈拉的神祕經驗放入北非巫術與撒拉威文化脈絡中來理解。

〈死果〉中的巫術

〈死果〉一文，三毛描述自己撿到一條用麻繩將小布包、心形果核與銅片串起來的本地項鍊，扔掉有怪味的小布包和果核後，留下「只有那片像小豆腐乾似的鏽紅色銅片非常光滑，四周還鑲了美麗的白鐵皮，跟別人掛的不一樣，我看了很喜歡，就用去汙粉將它洗洗乾淨，找了一條粗的絲帶子，掛在頸子上剛好一圈，看上去很有現代感」。

怎知竟因此中了巫術，莫名生了場大病，近乎喪命，身旁的撒拉威人說是中了茅利塔尼亞來的巫術，「這種符咒的現象，就是拿人本身健康上的缺點在做攻擊，它可以將這些小毛病化成厲鬼來取你的性命。」

銅片惡毒威力無窮，碰到的人或物品都會遭殃。房東罕地的妻子一發現三毛身上戴著銅片，害怕地驚叫，罕地也嚇得倒退幾步，厲聲要荷西拿掉項鍊，否則三毛就要死了，荷西只好拉斷項鍊，把牌子拿在手裡，罕地馬上脫下鞋子，用力打荷西的手，牌子落在三毛床邊，擦過牌子的咖啡壺卻導致煤氣桶外洩。罕地跑到對街，拾回一手掌的小石子，要荷西用石子將牌子圍住。最後的解決之道是「由回教的教長，此地人稱為『山棟』的老人來拿去，他用刀子剖開二片夾住的鐵皮，銅牌內赫然出現一張畫著圖案的符咒」。

這段文字可分成幾部分來談。

首先，三毛提到當地人時常配戴一種銅片項鍊，我推測那應該是舊時撒拉威人身上的「拉賈布」（larjab）項鍊。

一如三毛所言，拉賈布是「此地人男女老幼都掛著的東西」，但它並不是一般項鍊，而是護身符，在不同族群有不同名字。西撒的撒拉威人稱之為拉賈布，有些沙漠部族稱為「切羅」（tcherot）或「咯利咯利」（grigri）。

這種護身符常見於撒哈拉沙漠中的圖瓦雷格人，以及摩洛哥南端、西撒哈拉和茅利塔尼亞的柏柏爾人與撒拉威人，狀似銅片，其實是一種扁平的金屬空盒，由銀、鐵、銅及黃銅等金屬製成，也有的用皮革製成，形狀可為菱形、方形或長方形。盒子裡會有一張紙，上頭由伊瑪目或傳統靈療者「瑪哈博」（marabout）以阿拉伯文書寫一句或數句《古蘭經》經文，有時候則是瑪哈博寫下具有魔法的字眼或數字、某個日期、星星的名字，或者象徵眼睛的符號，甚至是古老神祕咒語，其意涵只有瑪哈博知曉，有時候裡面可能裝有些許沙子或不知名小物。

人們相信，這種護身符可以帶來好運和「阿拉的祝福」（baraka），驅趕惡靈，保護自己不受邪惡之眼、詛咒、仇恨或疾病侵擾，或者得到神的祝福及好運。

早年生活條件不佳，不分男女老少，身上都會配戴拉賈布，尤其小孩容易夭折，幾乎每個小孩身上都掛一個。若小孩生了病，媽媽也會馬上幫他找一個來戴，類似臺灣的平安符。

早期無論撒拉威人或柏柏爾人都會配戴類似的飾品，最精美的作工來自馬利與尼日的圖瓦雷格飾品工匠，上頭往往會有手工刻畫，或綴銀飾，富裕男性有時會一口氣配戴好幾個。

拉賈布樣式的男性項鍊，為扁平空盒，金屬製，仍帶有幸運符與護身符意涵。

柏柏爾百年首飾，由女性自行加工，採護身符形式，以皮革、非洲貿易珠及金屬片自製項鍊。

百年拉賈布，皆為扁平空盒。右邊的有精緻雕刻，上排倒三角形象徵帳篷，下排象徵沙丘，中間圓形為太陽；左邊的更古老簡樸，更接近三毛的銅片項鍊。

然而，有些巫術使用類似形式的物品，目的卻是害人奪命。

我偶然買到了一個百年拉賈布，貝桑一看嚇得跳起來，以為我撿到一個邪靈符咒，後來發現是拉賈布才稍稍寬心，還說如果是空的就沒關係。怎知拿起來在耳邊搖晃，裡面似乎還有東西，他馬上臉色大變！由此可知當地人對此物威力的忌諱。

荷西的撒拉威同事曾說：「我們回教不弄這種東西，是南邊『茅裡塔尼亞』那邊的巫術。」

我想這只是推託之詞，一來茅利塔尼亞同樣是伊斯蘭國家，二來巫術普遍存在民間，礙於伊斯蘭教義，往往轉向地下化，不敢大聲張揚。

事實上，巫術今日依然存在於非洲各地，即便是伊斯蘭化的馬格里布國家都可見到巫術的存在。從摩洛哥各大城的舊城區市集，直到偏僻鄉間的隱密角落，都有販售巫術用品的店鋪，門口詭異地擺著動物乾燥後的屍體，如刺蝟及蜥蜴等，或是完整蛇皮、不知名礦石與乾燥後的植物。店家遇到外國人，言語隱晦，不願多說，也不想做外國人生意。若詢問摩洛哥人這是什麼店，反應通常是尷尬且匆匆帶過，只說是專門施行巫術的人。

我雖未曾親眼目睹巫術施行，倒是曾有人試圖向我們下巫術。

二〇一五年我們民宿剛動工沒多久，有天我在尚未搭建屋頂的沙龍撿到一件用過的黑色緊身衣，判斷應該是從屋外丟進來的，雖然還算乾淨，只沾到一點點塵土，卻隱隱有個奇怪的味道，說不上來是什麼。

我很困惑，沙龍圍牆滿高的，誰費了這麼大力氣把舊衣服丟進來，又是為什麼呢？我不以為意，貝桑一看卻臉色凝重，叫我千萬不能碰，趕緊把衣服丟回地上。他用樹枝把緊身衣挑起來，放進塑膠袋，帶到偏遠的地方，撒泡尿，燒掉了。

貝桑回來後，總算跟我說那是黑魔法，有人故意丟進來，想詛咒我們蓋不成民宿。接下來他拿了一瓶乾淨的水，放入幾片新鮮橄欖葉，並將播放《古蘭經》吟唱的手機放在瓶口以淨化水質，接著將水灑在屋內各個空間，同時大聲播放《古蘭經》，最後再用薰香淨化空間，驅趕邪惡能量。

進入二十一世紀的今天，摩洛哥仍不時傳出駭人聽聞的巫術駭人事件。

二〇二〇年夏天，摩洛哥南部撒哈拉地帶發生了五歲女童被誘拐謀殺的重大案件，據信與巫術有關。民間巫術相信，有些屋裡藏有寶藏，守護寶藏的精靈要求尋寶人必須以血獻祭，若尋找天生有異相的小孩——女童天生斜視且智能不足——將之殺害並挖出眼睛，獻給精靈，便能尋獲寶藏。

而在可怖的巫術儀式背後，往往隱藏著悲傷無奈的人間故事。

二〇二〇年冬季，約夫梅哈（Jorfel Melha）墳場發現三位婦女鬼鬼祟祟地在挖掘一個孩童的墳墓，警方逮捕了她們，這才得知其中一位婦女是來挖掘自己孩子的屍體。原來，小孩幾個月前去世後，母親哀痛欲絕，因此在婆婆和鄰居婦女的陪伴下前來挖墳，想把遺骸帶回去進行巫術儀式，相信只要把遺骸和水混合，再拿水來洗澡，就可以把孩子生回來。

〈寂地〉裡的臉猖

三毛描述與友人一行共八人前往

沙漠草藥鋪販售的「微巫術」。民間相信將刺蝟的刺剪下，與薰香一同以炭焚燒，裊裊上升的煙與氣味可驅逐邪惡能量，潔淨空間。

沙漠露營，在一個奇異的樹林旁紮營，聆聽「臉狺」的故事。

當時三毛與友人紮營的地方雖是無人荒漠，卻有著奇異的樹林，乍看以為是松樹，「林子裡長滿了雜亂交錯的樹，等了一會，眼睛習慣了黑暗，居然是一堆木麻黃，不是什麼松枝」，更詭異的是，再往陰影深處跑，幽暗光線裡，一座「陰氣迫人」的小小建物冷不防躍入眼裡，「靜靜的一個石屋，白色的，半圓頂，沒有窗，沒有門的入口，成了一個黑洞洞，靜得怪異，靜得神祕，又像蘊藏著個怪獸似的伏著虎虎的生命的氣息。」然而，她隔天「趴著再看那片樹林，日光下，居然是那麼不起眼的一小叢，披帶著沙塵，只覺邋遢，不覺神祕」。

首先，從植物角度來解讀，依據我對沙漠植被的認識，「那堆雜亂交錯的樹林」既非松樹亦非木麻黃，很可能是撒哈拉常見的無葉檉柳（學名 *Tamarix aphylla*）。

西撒雖然氣候條件嚴苛，仍有稀薄植被，多為木質和草本植物，最常見的就是金合歡（*Acacia raddiana*）、鹽膚木屬灌木（Rhus Triaprtium）與無葉檉柳。

無葉檉柳是檉柳屬中最大的品種，原產北非、東非和中非，可見於中東、西亞和南亞部分地區，生命力強韌，非常耐旱，可存活於鹽鹼土壤並抵擋沙塵暴，因此常做為防風林。無葉檉柳生長時或向上昂然拔起，粗壯的根往外擴散極遠，或貼近土地生長，枝葉茂密，終年常綠，枝幹粗壯，向外延伸出新的樹枝，同樣往上昂揚，一走近野生的百年無葉檉柳，常讓人分不清是樹或是林。

無葉檉柳散布在布嘎（Boucraa）與斯馬拉（Smara）一帶，三毛描述的奇特樹林可說相當吻合其植物特性，由於無葉檉柳的樹葉為針葉狀，因此讓來自歐洲的荷西誤以為是松樹，讓來自臺灣的三毛誤以為是木麻黃。

再以地質角度探究，〈寂地〉裡的撒拉威人伊底斯曾在該地撿來一塊水晶並給了三毛，但文中的水晶（crystal）應該是北非常見的石英（quartz），硬度與透明度不如一般市面販售的水晶。

無葉檉柳

石英在布嘎與斯馬拉一帶有產，也是今日此地遊牧民族向觀光客兜售的紀念品之一。

換言之，就植被與礦物特性來說，三毛描述地點不僅有存在的可能性，而且很可能就在布嘎與斯馬拉一帶。

接下來從建築視角切入，文中那座半圓頂、無窗、無門且內有墳墓的白色石屋，與當今北非 marabout 建築形態極為相似，而 marabout 確實常常出現在墳場旁邊。

marabout 是一種專門用語，源於阿拉伯語 مرابط，音譯「瑪哈博」，普遍存在於北非、中東與撒哈拉以南的非洲地區。瑪哈博的定義非常模糊，可同時

石英

指涉伊斯蘭靈療所（建物）或與神祕能量相關的靈療者（人），通常意指穆斯林聖人或隱士，等同具有神祕療癒能力的人（包括草藥和儀式性）、智者、教育者等，通常與宗教性的療癒有關。由於具有神奇能力，讓人敬畏甚至恐懼，瑪哈博在黑人非洲擁有重要的社會地位。

由於瑪哈博生前護佑著一整座村子，有時村名或城墎便以他為名，因此後來瑪哈博也被用來指涉這些人的墳墓。大多數的情況下，這些墳墓被視為神聖場所和庇護所，建築形式為圓頂，外觀並塗上白色或綠色這兩個伊斯蘭認為是和平與祝福的顏色。

瑪哈博多半建於城墎外，遠離市集與社區。

穆斯林墳場裡的瑪哈博，地面一塊塊豎立的石頭即為墓碑。

瑪哈博往往位於遠離人類居住的核心地帶，比如蓋在墳場、山腰、海邊或城塆牆門外，至今每年仍有數千名信眾會圍聚在小型宗教聖所「扎維亞」（zaouïa）進行與瑪哈博相關的宗教儀式。

山村鄉野居民認為瑪哈博能行使神蹟，常向瑪哈博諮詢醫院無法解決的疑難雜症，從癲狂、情緒困擾、不孕、莫名疼痛、幻聽與幻覺等。每個瑪哈博的獨門方法不同，有些使用藥水、藥用植物或護身符將惡靈趕出病患身體，有些則經由誦唸《古蘭經》來給予祝福，甚至召喚精靈。

早期的瑪哈博是指那些天生從家族中繼承巴拉卡（baraka）神祕力量——這種力量來自阿拉，會帶來好運、療癒與祝福——並經過多年訓練與學習的人。他們擁有智慧與豐富的人生經驗，信實可靠，禁慾苦行，以最簡約的衣食物資滿足生存所需，樂於為人處理疑難雜症且不收取報酬，人們則以物資或金錢回饋他的協助。瑪哈博宛若精神大師、修行者或蘇菲隱士，具有宗教領袖的影響力，但沒有政治實權。

隨著時代推演，今日的瑪哈博多半具有貶義，指涉庸醫、江湖術士與神棍等。早年的瑪哈博是德高望重的苦行僧，現在卻常見三四十歲的瑪哈博，不知師承何處，甚至在臉書打廣告，賺取暴利。

時至今日，由瑪哈博執行的驅魔與神祕儀式仍然存在，但伴隨驅魔儀式而來的往往是酷刑與毒打，有時甚至造成無辜者的傷亡，不時引發爭議。有人認為必須革除老舊惡習，有人認為必須保護傳統，有人認為必須納入醫療體系。

一般認為瑪哈博的信眾是愚昧無知與迷信的受害者，但有些學者認為，儀式與起乩顯示了底層弱勢人民對於政治系統與經濟體系這些具有主宰力量的反抗。儀式中，號稱被鬼魂精靈附身的瑪哈博可以與壓迫貧困者的邪靈平等地交談、協商，甚至戰鬥，現實生活中的貧困者卻只能飽受高壓政治與經濟力量的壓迫，完全無法翻身。

〈寂地〉形容的建築特色與瑪哈博相當吻合，〈死果〉與〈寂地〉都曾提及的「山楝」一詞則音似 santon，此詞在北非某些地區的古老用語裡用來指稱瑪哈博裡的穆斯林苦行僧與長老，除了具有一定威望，還能以宗教方式處理邪靈事件。

最後一個關鍵概念是「臉猖」。

三毛描述：「臉猖這種東西以前很多，是一種居住在大漠裡的鬼魅，哈薩尼亞語也解釋成『靈魂』，他們住在沙地綠洲的樹叢裡，後來綠洲越來越少了，臉猖就往南邊移，這幾十年來，西屬撒哈拉，只聽說有一個住著，就是姓穆德那一族的墓地的地方，以後大家就臉猖臉猖的叫著，鬼魅和墓地都用了同一個名字。」

各地的瑪哈博建物共同點為圓形屋頂，並以白色和綠色為主。

我推測三毛說的「臉猖」應是djinns的音譯，也就是精靈。

精靈是一種超自然生物，是躲在山林水澤間的害人精怪，來源不清，形象模糊卻擁有各式鄉野傳奇，與漢人文化最接近的觀念或許是「魑魅魍魎」。

《古蘭經》曾數度提及精靈的存在。神用土壤製造了人類，用「微弱的火焰之光，無煙之火」創造了精靈，擁有自由意志的精靈，將在審判日與人類一同被審判。

前伊斯蘭時期，精靈被視為是詩人的謬思，也有精靈組成部落甚至王國的傳說，神祕儀式如格納瓦音樂則可與精靈打交道。據說先知穆罕默德生前被一個邪惡精靈跟著，後來邪惡精靈在經過長時間追隨後終於被先知言行感化，改邪歸正。

據說精靈至少有十五種，躲在水畔、荒地與山林等潮溼骯髒的不潔之地。人類肉眼看不見精靈，精靈卻可幻化成動植物或人形，最常出現的是蛇形，並可以在精神與心理上，迷惑、影響甚至控制人類，聰慧又有經驗的人則可從精靈的奇特言行與怪異舉止認出他們。

在〈寂地〉裡，一般人看不見臉猖，除了一個名叫「鬼眼睛」的女人，有天她跟去送葬，大白天竟然看到許多帳篷羊群且正要拔營，一問之下，才知竟然只有她看見！

民間有些與精靈打交道的巫術儀式，可用來治癒傷口、尋找愛情，甚或求子求孕，最常見的是祈福，保護自己不受邪惡之眼的傷害。

有些靈療師認為女性不孕是精靈造成，因為精靈就像風一樣吹入她的腦袋，啃食器官，使她對丈夫不再渴望，甚至愛上精靈；或者精靈會將孔堵住，讓丈夫無法進入她的身體，導致不孕，必須作法趕走精靈，才能讓女子成功受孕。

用來作法的物質非常多元，包括礦物、植物、貝殼、香料或動物等。

除了精靈的主人，一般人的肉眼看不見精靈。據說有些女巫會切開貓的眼睛，和一種名為 kajal 的物質混合，塗抹在眼睛上，就可以看見隱形的精靈。有些浪蕩街頭的獨眼貓，失去的那隻眼睛很可能就是被用在某種巫術配方裡。

有些據說是精靈王墳墓的建物，同樣被視為是聖人塚。

沙漠精靈

精靈的概念不僅仍然存在於現今社會，也啟發了國外電影的創作靈感，二〇一〇年法國與摩洛哥合作的電影《惡靈戰場》，原名即為「Djinns」。

主軸引用穆斯林觀念的精靈，電影年代設定為六〇年代，阿爾及利亞獨立戰爭尚未結束，一架法國軍機在撒哈拉失事，唯一倖存的士兵帶著一卡手提箱逃了回來，卻受到極度驚嚇而失語。

一群士兵被派去救援，雖然找到飛機殘骸，卻被困在一個地圖上沒有標示的沙漠部落，遭遇阿爾及利亞游擊隊攻擊。

由於沙漠裡的精靈比人類更早存在於沙漠，因此視法國士兵為入侵者，幻化成各種形影在他們耳邊耳語，導致他們一一發狂而死，唯有部落女性守護者明白發生了什麼事。

很快地，法國士兵只剩下一位能看見精靈的米榭爾，在部落女性守護者為了保護他而被殺之後，米榭爾接替她的工作，帶領村民在沙漠尋找新的庇護所。

《惡靈戰場》中的邪靈之所以危害人類，主要目的是為了保護沙漠生靈不受法國殖民政權下的軍事力量干擾。片頭出現的那卡手提箱，裝著六〇年代法國在阿爾及利亞撒哈拉沙漠進行首次核武實驗的「藍色跳鼠」機密文件，要祕密交給當時的法國總統戴高樂，片尾最後畫面為核武試爆的蘑菇雲，劇情安排既符合傳統觀念又有現代新詮釋，甚至折射出殖民政府對北非部落民族的歧視與壓迫。

荒野本來就是精靈的家

我自認是個麻瓜，沒見過任何靈異事件，生長於大漠荒野的貝桑倒是累積了不少豐富的精靈經驗。

貝桑三、四歲時便見過精靈。那時全家人與幾戶遊牧民族仍在沙漠深處過著逐水草而居的生活，小孩們全玩在一塊兒。不知何時開始，孩子之間流傳起「精靈馬車」的傳說，好幾個大一點的孩子都信誓旦旦地說曾經親眼目睹「精靈馬車」在沙漠荒野來去自如。

有一天，隔壁帳篷的小孩突然跑來說「精靈馬車」又來了！哥哥姊姊馬上拉著年幼的貝桑興沖沖地跑去看。一群小孩躲在石頭後面，不一會兒，遠遠看見一輛華麗馬車奔跑著，馬兒的腳不著地，馬車卻緩緩向前行，說不出的詭異！忽地，一個小孩害怕地叫了聲，大家深怕被精靈發現，一群人頭也不回地飛奔回家。

我向貝桑的哥哥和姊姊求證：「或許那只是一輛普通馬車，你們看錯了。」他們堅定地搖頭，很清楚自己看到了什麼。碎石滿地的荒野不可能出現馬車，況且馬兒奔跑的速度與方式也完全不是正常馬匹會有的樣態。

再大一點時，貝桑較常見到的精靈往往出現在樹梢，遠看具有人形，但無論怎麼靠近，模糊人形依然遠遠地，忽地化作一道煙火飛到樹梢，接著又化作另一道煙火，朝天際散去。

〈寂地〉裡的鬼眼睛同樣看到臉猖「坐在樹枝上，搖啊晃啊的看著人下葬，還笑著跟她招手呢，這一嚇，鬼眼睛自己還買了只駱駝來獻祭」，怎知祭臺明明就一塊平平的大石頭，卻怎樣也裝不滿！

我認識的穆斯林倒不曾對精靈獻祭，若遇到，要不置之不理並快速離去，要不誦唸《古蘭經》，驅趕精靈。

最讓貝桑印象深刻且恐懼萬分的經驗發生在我們村子附近。

那時貝桑約七八歲，和大他三歲的哥哥一同趕羊到遠方吃草。兩兄弟走了好遠的路，水喝完了，哥哥要他去井邊汲水，自己留在原地看顧羊群。就在貝桑把水壺裝滿準備離去時，突然一陣頭皮發麻，朝近在咫尺的黑色岩山望去，大白天的，卻見一個身型極為高大的巨人，長著一張法國人的臉，長及膝蓋的頭髮糾結成數條辮子，近乎一絲不掛的身上披掛著幾縷破布，以極為扭曲詭譎的方式從岩山朝他而來，動作明明極度緩慢，卻忽地已在半山腰，眼看著就要來到貝桑跟前。

嚇呆的貝桑知道自己遇鬼，嚇得趴在地上站不起來，水壺也不要了，四肢著地猛朝哥哥的方向爬去，也不知爬了多久，發現自己能站起來了，馬上拔腿就跑！接下來好幾年完全不敢靠近那一帶。

這個故事貝桑說了好幾次，我點點頭，當成有趣的鄉野傳奇。

直到有一天，我們在沙漠深處遊走，尋找可以帶觀光客遊玩的「私密景點」，貝桑帶我來到一處極為特出的廢墟。一大片平坦荒地上，數座黑色岩山交會處，散落著幾座土夯廢墟，一棵百年金合歡綠意盎然矗立於中央，樹旁明顯是舊時小徑，不遠處，一座百年古井裡的水依舊清涼且不帶鹹味——這在沙漠可是極為罕見的資源。

貝桑解釋，這裡是舊時法國軍營，法國人撤走後就荒廢了，因為古井水質極佳，偶爾會有遊牧民族趕羊來這裡喝水。

我忍不住問這裡的自然地形很特殊，又有靠山，荒地遼闊，可輕易看見遠方來者，還有乾淨水源，為什麼沒人來善用這裡的資源？

好一會兒他才說，這裡就是他小時候遇見法國鬼的地方。

我往廢墟裡探尋，發現土夯廢墟後頭散落了幾座空墳，這才知道他告訴我的見鬼故事並非只是一則傳說。

事實上，沙漠中人對精靈的熟悉與接受度，讓我相當詫異。

有時天熱，我和貝桑會帶著毯子枕頭前往偏僻的黑色岩石地，夜宿星空，安靜涼爽。

有一回正望著星空閒聊，他突然要我安靜，起身注視遠方。我朝他望去的方向看，什麼都看不見。好一會兒，他唸了幾句《古蘭經》，說沒事了，可以安心睡覺了。

我問他怎麼了？他說這一帶偶爾會出現精靈，點點亮光忽近忽遠地閃爍。荒野精靈不是壞精靈，只是好奇，加上我們太靠近他們棲息的地方，所以他們過來探探，知道我們沒惡意，加上貝桑誦唸了幾句《古蘭經》，精靈也就離去了。

我追問：「你怎麼知道是精靈？說不定只是遠方車燈。」

貝桑淡然又堅定地說：「我從小在沙漠長大，很清楚那就是精靈。但是不需要害怕，荒野本來就是精靈的家。」

貝桑幼時遇見法國鬼的地方，人煙罕至。後方黑色山巖是兩座形狀相似的母子山，右下角就是他汲水那口井，山巖下的土夯廢墟為舊時法國殖民軍團駐紮處，廢墟後方為墳場，棺木看似已被挖走，只留空墳。

【參】西撒今昔

西撒小史。

西班牙殖民前的歐非往來

西撒這塊廣袤無垠的荒漠，海岸線極長，內陸降雨量低，植被稀疏，人類活動向來稀少，雖然大西洋沿岸曾經出現幾個腓尼基人和迦太基的殖民據點，但內陸長期以來都只有少數柏柏爾族在活動，藉由遊牧、擔任駱駝商隊嚮導，甚至搶劫駱駝商隊維生。

西元七世紀，阿拉伯人進入西撒，隨著跨撒哈拉貿易線逐漸形成，也讓西撒在西元八世紀逐步開啟了伊斯蘭化的歷程。然而，這些改變是淺層的，多數居民仍然保有泛靈信仰。

十五世紀中葉之後，西班牙、葡萄牙與法國爭相前來占據這塊看似無人的荒漠。十九世紀末，西班牙正式將西撒列為殖民地，此地的歷史也隨之天翻地覆。

西班牙在西撒的殖民

形塑近代西撒最強大的勢力堪稱西班牙殖民政府，若真要理解「三毛的撒哈拉」，便不得不深入了解西班牙在西撒的經營與當時的發展脈絡。

西班牙在西撒的殖民始於一八八四年，止於一九七五年摩洛哥發動的綠色行軍（la marche verte）。西班牙學者將西撒發展分為三個時期：一八八四年至一九四〇年、一九四〇年至一九六四年和一九六四年至一九七五年。＊

第一時期：一八八四年至一九四〇年

一八八四年，西班牙在大西洋沿岸占領第一個據點，命名為西斯內羅斯城（Villa Cisneros，即今日的達赫拉〔Dakhla〕），並宣布從西斯內羅斯城直到加納利群島這長達五百多公里的海岸線為其保護地。

同年，西班牙在勃哈多灣（今布吉杜爾）和白角（Cabo Blanco，今努瓦迪布角〔Ras Nouadhibou〕）建立殖民據點，一方面保護加納利群島與沿海一帶的捕魚權，一方面阻止對非洲虎視眈眈的英國與法國。藉由設立軍營與據點，西班牙一步步推進殖民勢力，原本甚至有意擴大勢力範圍直達廷巴克圖，但因法國已成功殖民塞內加爾與阿爾及利

＊詳見西班牙學者 José A. Rodríguez Esteban 與 Diego A. Barrado Timón, *Le processus d'urbanisation dans le Sahara espagnol (1884-1975). Une composante essentielle du projet colonial*：https://doi.org/10.4000/emam.743

亞，無法如願。

一八八六年，西班牙正式將西撒畫為保護地。初期的政治掌控相當表淺，僅停留在沿海一帶，透過建造軍哨站與碉堡來保護港口。

二十世紀初，西班牙與法國簽訂一系列條約，瓜分摩洛哥與撒哈拉。沙漠環境的特殊性讓水源的有無成了殖民政府是否在一地建城的關鍵因素。一九三八年，阿尤恩發現了豐沛的地下水脈，西班牙政府是而在此建造軍事站，做為前往達赫拉的中繼地。在此之前，一九一六年在朱比角、一九三四年在伊夫尼都興建了機場，對西撒的控制權至此確立。

西班牙殖民第一時期在西撒的總人數不曾超過一萬五千人，多半在沿岸從事漁業，有些在殖民政府公部門或公共工程工作，絕大多數都是軍隊，主要在一些城市與遊牧民族進行貿易活動。撒拉威人則大抵維持相同的遊牧民族生活與傳統集會，遵循伊斯蘭律法。

第二時期：一九四〇年至一九六四年

殖民第二時期最重要的發展是進行地質科學探勘，進而制定城市發展重點和實行隔離政策。

一九三九年西班牙內戰結束後，佛朗哥將軍上臺，大舉動用國家機器建設西撒，尤其是阿尤恩和達赫拉，其他地區則以軍營、政府機構及教堂為主。在此同時，第一次大戰蠢蠢欲動，西班牙覬覦著法國在非洲的殖民地。

一九三八年，西班牙政府在阿尤恩現址蓋了一座軍營與軍用機場做為中途停泊站。由於戰略地位重要，小型住宅區隨之迅速發展。阿尤恩第一個建設核心落在薩基亞·阿姆拉（Sakia El Hamra）山谷南岸，一九四〇年持續向南拓展。一九五〇年，城市計畫啟動，阿尤恩成為西班牙在非洲第一個進行都市規畫與相關研究的城市。

一九五八年，設立撒哈拉省成為海外省，但直到一九六〇年的建築數量都非常有限。

西班牙殖民西撒的過程遭遇頗多困難。一方面是阿爾及利亞、摩洛哥與茅利塔尼亞等鄰國反對殖民行動，二方面是即便耗盡大量資金，依然無法吸引西班牙國民前來——二十世紀二〇與三〇年代，西班牙國民依然偏好移民法國與拉丁美洲。是而，西班牙於一九四七年起暫緩殖民政策。

另一方面，西班牙在二次世界大戰期間首度於西撒進行科學探勘，整個五〇年代都積極尋找「有用的非洲」與各種礦產，西撒基礎設施因而改善。

同樣從五〇年代開始，乾旱迫使部分遊牧民族在城市定居下來，非洲也逐漸陷入民族主義烈火中，反殖示威炙熱。一九五四年，阿爾及利亞發動獨立戰爭。一九五六年，摩洛哥獨立。

然而，西班牙和歐洲人口在西撒持續增加，尤其布嘎的磷酸鹽礦正式開採後，吸引了西班牙本土與加納利群島的人前來，多數為政府官員、軍事人員、礦場技術人員等，不過多半只是短暫停留。

第三時期：一九六四年至一九七五年

殖民第三時期，磷酸鹽的開採徹底改造了西撒的鄉村和城市。

進入六〇年代後，磷酸鹽正式開採，由於鄰近的摩洛哥與茅利塔尼亞分別於一九五六年和一九六〇年獨立，西班牙政府為了避免橫生枝節，利於殖民統治，希望藉由提供較優渥的生活條件讓遊牧民族定居下來，減少傳統遊牧經濟帶來的移動，防止他們組織能夠在軍事上對抗西班牙統治的武裝團體。

遊牧民族的定居加快了城市化的進展腳步，西班牙政府被迫採取一系列行動回應需求，以促進經濟發展、有助空間規劃，其中又以阿尤恩的發展最明顯。

阿尤恩，因殖民而誕生於荒漠。

三毛筆下的阿雍就是現今西撒最重要的城市阿尤恩，於一九五八年十二月正式取代當時的西斯內羅斯城（今達赫拉），成為西撒首府。

西班牙殖民政府在非洲第一個進行城市規劃的地方便是阿尤恩，整體計畫早在一九三九年便著手進行，一九五七年啟動住宅建設。六〇年代正式開採布嘎磷酸鹽礦後，各項工程更是加快進度，整體建設方向由西班牙政府掌控，直到殖民時期結束才戛然而止。

三毛在〈白手成家〉提到，當他們終於把阿尤恩的家打造得宛若城堡般美麗後，被通訊社記者視為「全沙漠最美麗的家」，一個荷蘭人受西班牙政府之託，承造一批要改建給撒拉威人住的宿舍區，甚至要求參觀三毛與荷西的家。

若將這細節放入阿尤恩的都市規劃脈絡中來閱讀，饒有趣味。

奠基與開拓

位於大西洋沿岸的阿尤恩地勢平坦，附近有沙丘群，沿岸漁獲豐富。阿尤恩意指「泉水」。

西元十世紀，阿尤恩鄰近一帶開始有人居住，生活形態是傳統遊牧，直到十九世紀西班牙殖民時才逐漸繁榮。

一九三四年，豐富的地下水脈吸引了西班牙政府在此建立軍營。初期的阿尤恩只是個軍事哨所，頂多加上幾間撒拉威土屋，找到新泉源後，西班牙政府在各處鑿井灌溉，培育農民，引進農耕設施，發展小型農田，進行初期農業開墾、飼養家禽並種植果樹，讓遊牧民族毋需四處遷徙尋找牧場，並推動學校與醫院的建設。

一九三八年，阿尤恩正式建城，城市根基由西班牙軍人普利多（Antonio de Oro Pulido）於此年奠定。當時才三十多歲的他深諳阿語與哈桑尼亞語，真誠熱愛著撒拉威文化，常與妻子和撒拉威人在帳篷裡喝茶，或是穿上藍袍騎駱駝進沙漠，與撒拉威人就像家人般相處。

普利多渴望建造一座能讓撒拉威人願意定居的城市，一座能讓西班牙人與撒拉威人和平共處的城市，減少衝突的發生。可惜兩年後他就因敗血症逝世，年僅三十六歲。

直到五〇年代末期，西撒的殖民地屬性與軍事功能角色都異常鮮明，當地的歐洲人是政府官員、軍人、建築商與供應商，以及來自加納利群島的家庭。即便如此，阿尤恩對這些人來說仍是一屋難求，泰半是男性先來探路，幾個月後找到住所，再將家眷接過來。七〇年代初，情況依舊相同。荷西找到布嘎礦場的工作後，隻身抵達阿尤恩尋找住所，安頓好後才接三毛前來，且房租偏高。＊

一九六〇至一九七五年是阿尤恩的快速發展階段，除了軍營與住宅，採礦、建築與探勘公司紛紛加入當地的發展列車，而隨著電話、廣播與電視接連引入，即便西班牙政府執行嚴格審查，新思維也在當地傳播開來。

要讓一座現代城市在廣袤荒蕪大漠中平地而起，難度高，成本重。

首先，建材取得不易。撒哈拉原物料短缺，當時建造阿尤恩所需物資多來自西班牙，然而，西班牙接連遭受內戰（一九三六～一九三九）與第二次世界大戰（一九三九～一九四五）之苦，建材亦缺。再者，物資除了得先從西班牙以船隻運送到大加納利島（Gran Canaria）的拉斯帕爾馬斯（Las Palmas）港口，還得橫渡危險海洋，抵達西撒沿岸港口塔法亞，再以陸運送抵阿尤恩，整體運輸成本極高。

阿尤恩直到七〇年代都是物資稀少、高昂、建築工資極高，這在三毛文中全讀得

＊詳見〈白手成家〉

到。〈白手成家〉裡，她想為新家添購日常用品，然而「東西貴得令人灰心，我拿著荷西給我薄薄的一疊錢，不敢再買下去」，屋舍由空心磚砌成，連石灰都沒塗，房間中央一個正方形大洞無法阻止沙塵暴入侵，房東卻拒絕粉刷牆壁，也不願處理窗戶的問題，最後仍是荷西親自上工，打造屬於兩人的家。

七〇年代的阿尤恩已稍具現代聚落規模，三毛描述：「說它是首都，我實在難以承認，因為明明只是大沙漠中的一個小鎮，三五條街，幾家銀行，幾間鋪子，倒是很有西部電影裡小鎮的荒涼景色和氣氛，一般首都的繁華，在此地是看不到的。」*

今日的阿尤恩人口約有二十幾萬，不再是一九七五年三毛筆下的落後村莊，居民雖然依舊是「總愛穿深藍色布料的民族」†，但已非「不清潔的衣著和氣味」且「外表上看去都是極骯髒而邋遢的沙哈拉威人」‡。整體市民生活水準遠遠優於遊牧民族，尤其一九七九年以後摩洛哥政府給予企業家和投資者稅收優惠，大大有助於阿尤恩的地方發展。

軍事要塞性格

西班牙在西撒做了相當多軍事建設，阿尤恩的城市結構更可說是在一座座軍營保護

＊詳見〈平沙漠漠夜帶刀〉

†詳見〈白手成家〉

‡詳見〈芳鄰〉

下緩慢成長起來的。

城市裡，工程師與軍人混居，除了數座軍營，更有區域管理中心、車庫、砲兵公園、衛生中心、野戰砲兵團、領土警察、藥房、獸醫服務、省立醫院、政府車庫與傘兵總部等，不一而足，郊區則有空軍基地、直升機基地、新兵訓練營區、海軍司令部與海上連隊等。

軍事風格建築的完美體現就在阿尤恩的西班牙廣場（plaza de España）一帶，總督府、市政府、教堂與醫院，濃濃的政治管理功能全數位於同一核心區域。

五〇年代，阿尤恩逐漸成為一座為西班牙駐軍家庭服務的殖民城市，來自西班牙本土與加納利群島的西班牙定居者住在最古老的核心區，屋舍多為永久建材，撒拉威本地人則擠在缺乏基礎建設的外圍郊區，如阿尤恩的石屋區（Casas de Piedra）。

居住空間的差異同樣顯示了階級與軍事化的特色，上級軍官與軍眷居住在科洛米納斯（Colominas）等街區，設有娛樂中心，一般士官與商人住的區域環境條件較差。

當年西班牙撤離西撒以後，當地的撒拉威人接手入住，這些殖民建築如今多數依然完好。時至今日，舊時總督府與教堂一帶的核心區被稱為「西班牙區」——以此區隔一九七五年後摩洛哥政府大力建造的新市區——位於阿尤恩西北，相對老舊破敗。

空間裡的社會差異

另一方面，阿尤恩的城市樣貌也顯示了一定程度的種族主義與隔離政策之下的社會差異。

不意外，發展中的阿尤恩吸引了愈來愈多遊牧民族前來定居，但其生活區域相對缺乏基礎建設與公共服務，難以融入現代生活。到了六〇年代，遊牧民族居住處與殖民者居住的現代城市，兩者之間更有著明顯的差異，也在一定程度上造成了種族隔離，讓整座阿尤恩變成一座被分割的城市。

西班牙人雖然不至於和撒拉威人全然疏遠，卻也不甚欣賞，來自西班牙本土的西班牙人對撒拉威人的種族歧視尤其明顯。相對地，來自加納利群島的西班牙人較能和當地人融合在一起。

種族歧視也造成了同工不同酬，撒拉威籍的磷酸鹽工人薪資低於歐洲籍，當地人亦較難進入西班牙高級學校。

隨著阿尤恩的城市發展速度愈形加快，總督府與教堂一帶的核心區也衍生出酒吧與電影院等歐式娛樂空間。從老照片中可發現，當時駐軍的娛樂活動正如三毛所說：「每星期天的黃昏，外籍兵團的交響樂團就在市政府廣場上演奏。」

在這個宗教與政治核心地帶裡，生活節奏相對歐式，居住者多為西班牙人；核心區域外圍則是範圍遼闊的非正式社區，散落著撒拉威人的帳篷、土屋與鐵皮屋，生活條件極差，帳篷增加速度遠遠高過基礎建設速度，活似貧民窟，也形成了公共衛生疑慮，一九七五年聯合國專員來訪時就特別注意到撒拉威人的生活條件堪憂。

三毛剛到阿尤恩時，走出機場，和荷西提著行李，沿途經過千瘡百孔的大帳篷、鐵皮小屋與大批羊群、駱駝，走進了一條「街旁有零落的空心磚的四方房子散落在夕陽下」的長街，直直走到城裡的「墳場區」，走入荷西為她安置的家。〈白手成家〉裡的描述，與當時情況相當吻合。

當時鎮上住著些歐洲婦女，不與撒拉威人往來，起初因三毛學歷較高，對她「非常應酬」，爾後得知三毛住在鎮外的「墳場區」，氣氛忽地一陣難堪的寂靜，一位太太說自己不曾去過那裡，因為「怕得傳染病」，另一位太太對於三毛和撒拉威人混在一起嘖聲表示不認同，要她搬來鎮上住。一來一往間，細微勾勒出歐洲殖民者與當地原居民之間的尊卑關係，以及阿尤恩並不是一個均質發展的城市，種族隔離與空間裡的社會差異，躍然紙上。

然而「沒有經濟基礎的沙哈拉威是不可能住到小鎮阿雍來的」，三毛的鄰居們不僅領有西班牙政府補助金，擁有正當職業，將屋舍出租給歐洲人，還加上羊群等，收入穩定可觀，真正貧困的是她筆下那些住在沙漠深處帳篷裡的遊牧民族。

從三毛的文字中，完全可以拼湊起七〇年代在西班牙殖民政府主導下正逐漸緩慢建城的阿尤恩。殖民者居住的現代城市外，一片沙漠風情，雖說不至於涇渭分明，差異仍顯而易見。

阿尤恩的生活條件

大抵來說，在西班牙政府大力建設下，三毛與荷西抵達時的阿尤恩已有一定程度的基礎建設。軍營雖無處不在，卻就像個西班牙本土城市般過著西班牙式生活，擁有西班牙社區，舉辦西班牙聚會，就連節慶與假日都按照西班牙節奏，與撒拉威人和平共處。

即便如此，當時的阿尤恩生活條件就現代標準來說，實在不佳。三毛對此可說多有著墨，諸如光禿禿的小燈泡、密密麻麻停滿蒼蠅的電線，由於沙漠日夜溫差高，「牆在中午是燙手的，在夜間是冰涼的」，供電時有時無，以及不時狂捲天地的沙塵暴會從天花板的四方大洞緩緩落入屋內。因為生活用品多由西班牙進口，貴得嚇人，就連床墊都「價格貴得沒有道理」，更不用夢想床架了*。

*詳見〈白手成家〉

缺水尤其是老問題。阿尤恩相對來說水資源較為豐沛，但整個西撒就是一座乾燥缺水的大沙漠，市政府提供從沙漠深井打出來的鹹水，飲用的淡水仍需外出購買，「送水車」不時出現在三毛文字裡，她甚至曾經跟著送水車前往荒漠旅行。

隨著阿尤恩日漸發展成大城，水資源需求日增，摩洛哥政府興建了海水淡化廠，卻依然不敷所需，城裡不時斷水，今日仍有胖胖的水車四處賣水。

三毛文中不時可見當時種種生活不便，即便是煮個飯：「有時煤氣用完了，我沒有氣力將空桶拖去鎮上換，計程車要先走路到鎮上去叫，我又懶得

送水車正將水輸送到民宅天臺的水塔內。

去。於是，我常常借了鄰居的鐵皮炭爐子，蹲在門外扇火，煙嗆得眼淚流個不停。」＊文中的煤氣即是瓦斯。

值得一提的是，現今摩洛哥庶民生活與三毛當年的描述依然有極大程度的吻合，例如大計程車（le grand taxi）依然是賓士牌（三毛稱為「朋馳」），廚房瓦斯桶空了同樣得自行拖著沉重的空桶前往雜貨鋪購買新桶，扛回家後再自行更換，費時又費力。鐵皮炭爐也仍然是沙漠家庭常備用品，由特定店家以手工製成，今日多半用來煮茶。

＊詳見〈白手成家〉

手工製作的鐵皮炭爐子依然是沙漠家庭常備用品。

鐵皮炭爐子只在特定店家販售。

摩洛哥幾乎每家雜貨鋪皆有售瓦斯桶，但必須自行將空桶拖過去。

滿載瓦斯桶的大卡車。

金河大道與三毛故居。

「金河大道」的寓意

三毛說自己住在「金河大道」長街裡，一間沒有門牌的小房子，這街名其實暗藏玄機。

「金河」的西班牙語為 Río de Oro，恰恰正是西撒哈拉南部地區名，大致位於北緯 21° 20' 至 26° 之間。西班牙政府將西撒分為兩個區塊，北部為 Seguia el-Hamra，南部為 Río de Oro，後者以西斯內羅斯城（今達赫拉）為首要都市。待西班牙結束殖民統治，摩洛哥將南部區改名為 Dakhla-Oued Ed-Dahab（達赫拉－韋德．達哈卜）。

「金河」這個美麗名字的背後，其實隱含著強烈的殖民與探險意涵。

一四三五年，葡萄牙王子派遣探險隊前往西非尋找傳說中的「金河」，最後抵達了達赫拉半島旁的一個海灣，雖然周圍並未發現黃金，仍認為那就是「金河」，便以葡萄牙語 Río do Ouro 一名指稱海灣與周圍區域。十九世紀晚期，西班牙正式占領該地，順理成章沿用，將此地改用西班牙語命名為 Río de Oro。

當地撒拉威人則有另一個故事版本，認為西語 Río de Oro 一詞源自阿語 Oued Ed-Dahab，阿語的意思是「金河」。在跨撒哈拉貿易時代，這裡是駱駝商隊將南部黃金運往北非時必定行經的路線，因此得名，自古就如此稱呼。

今日的撒拉威年輕人則告訴我，該區確實出產黃金，現今也仍然有居民在荒野中非法開採金礦。

無論如何，這塊美其名為「金河」的殖民地事實上資源稀薄，除了椰棗、磷酸鹽與漁獲，其餘皆無法獲利，讓西班牙殖民政府虧損連連。

另一方面，「金河大道」現在已經改名為 Boulevard Mohamed Al Khallouqi，三毛故居是四十四號。

三毛住所的文化意涵

「金河大道」的屋舍室內，「地是水泥地，糊得高低不平，牆是空心磚原來的深灰色，上面沒有再塗石灰，磚塊接縫地方的乾水泥就赤裸裸的掛在那兒」，廚房浴室外的石階通往公用天臺，房子中間有一塊四方形大洞，由於「沙漠裡的房子，在屋頂中間總是空一塊不做頂」，不僅灰沙時常從大洞裡落入屋內，鄰居孩子更跑來觀看兩人生活作息，然而房東拒絕加蓋屋頂，最後荷西花了三個周日，「鋪好了一片黃色毛玻璃的屋頂，光線可以照進來，美麗清潔極了。我將苦心拉拔大的九棵盆景放在新的屋頂下，一片新綠。」無奈很快被鄰居的羊踩破，羊還掉進屋裡。

不久，荷西架起白色半透明塑膠板的屋頂，「做了一道半人高的牆，將鄰居們的天臺隔開。這個牆不只是為了防羊，也是為了防鄰居的女孩子

中間那扇門即三毛故居。門口有不知名粉絲寫上三毛名字與生卒年。

們，因為她們常常在天臺上將我晒著的內衣褲拿走，她們不是偷，因為用了幾天又會丟回在天臺上，算做風吹落的。」可是半年之內，山羊還是掉下來四次，一再上演「飛羊落井」的奇觀*。

天窗與天井

三毛文中「在屋頂中間總是空一塊不做頂」的建築特色讓人既好奇又不解，但這種類似天窗、天井甚或中庭的設計，今日依然普遍存在於北非。

非洲終年陽光熾盛且少雨，一到夏季，沙漠地帶尤其乾燥、酷熱，飽受沙塵暴之苦，是而發展出適應當地自然條件的建築形式，最具代表性的當屬土夯古堡「卡斯巴」（kasbah），甚至形成結構完整的城埒、村寨，稱為「克撒爾」（ksar）。

摩洛哥知名景點艾本哈杜（Ait Ben Haddou）即是此思維與現實考量下的建築產物，完美呼應北非自然條件，以厚重土牆與窄小窗戶阻擋烈日與風沙的入侵。由於少雨，屋頂往往設計成平整且具有多重功能的天臺；若於屋頂上開鑿洞口，則成天窗，讓陽光自然灑入室內，不僅補足室內照明的不足，亦利於通風。

大型建物如土夯古堡「卡斯巴」往往設有天井，古城裡的富豪宅院「里亞德」

*詳見〈芳鄰〉

卡斯巴天窗（屋內視角）。此為舊時卡斯巴裡的清真寺附設的洗淨室。

卡斯巴天窗外部（天臺視角）。

卡斯巴天井（屋內視角），舊時富豪住所的天井上方以木頭裝飾。

卡斯巴內部二樓迴廊，天井採光效果極佳。

卡斯巴內部的天井，採光效果遠勝人工照明。

（riad）則有安達魯西亞式中庭。天井與中庭的原理與天窗相同，不僅可阻擋陽光、狂風與高溫入侵，也有利於自然採光與空氣流通，即便身處古堡或富豪宅院的二樓迴廊，都能感受到日光的溫柔明亮。

到了現代，新式屋舍雖然改以水泥磚塊建造，仍然採用天窗與天井等設計，這也是為什麼三毛建議用石棉瓦做屋頂時，荷西反對，「這房子只有朝街的一扇窗子，用石棉瓦光線完全被擋住了」，顯然屋頂這個大洞具有天井的採光與通風功能。

天臺：女性獨享空間與空中步道

三毛鄰居可在「公用天臺」上自由往來，拿取兩人放在天臺上的木材與衣物；鄰居飼養的羊隻跑來吃她照顧的植物，甚至掉入屋裡；小孩子從天窗窺視兩人日常生活……特殊的「公共天臺」普遍存在於北非傳統建築裡，更含藏了特殊的性別空間意涵。

首先，如前所言，非洲雨量稀少，屋舍多半為平頂，而這屋頂上的天臺具有多重功能，除了可供曝晒穀類或寢具，到了夏季，日夜溫差大，白晝高溫難耐，待夜幕落下，屋舍磚瓦開始釋放白天儲存的熱氣，戶外反而涼爽，居民往往帶著寢具，全家睡在天臺上。夜宿星空今日仍是撒哈拉常見傳統。

卡斯巴天臺相當平整，不同屋舍的天臺僅以矮牆隔開。

伊夫尼的西班牙殖民時期民宅依舊保有平整且可互通的傳統天臺特色。

伊夫尼的西班牙殖民時期民宅，天臺正中央像一口井的即為天井，直通一樓，利於採光與通風。

摩洛哥各大古城老區即可見家家戶戶天臺相連，頂多以矮牆隔開各自空間，例如美麗的古城穆萊・伊里斯・澤爾霍恩（Moulay Driss Zerhoun），整座聖城以伊里斯一世（Driss I）的陵寢為中心，沿著小山丘一路建構，周圍民宅的天臺相互接連。已成熱門景點的摩洛哥北部里夫山區藍白山城蕭安（Chefchaouen）亦具有相同特色。

再者，當地傳統社會的人我界線並不明顯，個人主義薄弱，極度重視家族與鄰里間的人際關係，資源共享是常態，顯示在空間上，家家戶戶的天臺連結自然成了公共地帶。

二〇一一年我在拉巴特人權組織工作時住在烏達亞（Oudaya）舊城區，住處結構即是數百年前的土夯古堡「卡斯巴」。當時不僅獨享一個寬闊天臺，甚至可以輕易跨過低矮圍牆前往鄰居的天臺。那時認識的十五歲青少女對我說，有時她晚上想去女伴家玩耍，媽媽不答應，就會偷偷從天臺「外出」，沿路跑過好幾戶鄰居家的天臺，鄰居見怪不怪。有時她在女伴家過夜，天亮才從天臺跑回家，父母也完全不知情。

另一方面，天臺關乎性別與空間。

傳統沙漠社會裡，好人家的女孩不出家門，有些地區的女性甚至不得單獨出門，必須由家族男性成員或孩童陪同，且須遮住頭髮、面容與全身。男性交流與活動空間不限自家屋舍，大可前往咖啡館，女性卻無法，也讓屋頂上的天臺成了女性聚會甚至是獨享

整座聖城圍繞著伊里斯一世的陵寢建造，唯一綠色尖屋頂的是清真寺，其餘民宅皆為平整天臺且可互通。

藍白山城蕭安的天臺同樣平整、多功能且可互通，與沙漠並無二致。

的空間。上天臺透透氣能夠暫時擺脫家務的繁忙，聚會尤其方便，鄰里女性帶著小孩，無須行走街道，直接從自家天臺走過去，就可以在這不受干擾的安全空間裡喝茶、聊天。

當然，所謂「公用天臺」依然有私人界線，但並不明顯。

今日的摩洛哥新式建築依然保有天臺特性，南部有些城市的獨棟建物由於屋主是來自撒哈拉的遊牧民族，即使已經搬入城市定居，還是保有養羊的傳統，會在天臺搭建羊棚。

空心磚與未完工的家

三毛剛住進金河大道的家時，屋舍似乎尚未完工，水泥地面高低不平，並未鋪上地磚，牆面是深灰色的空心磚，夜間愈發顯得陰寒，但因牆面並未塗上石灰，無法粉刷，偏偏房東拒絕糊牆，最後是荷西「去鎮上買了石灰、水泥，再去借了梯子、工具，自己動起手來」，最後這個家終於「裡裡外外粉刷成潔白的，在墳場區內可真是鶴立雞群，沒有編門牌也不必去市政府申請了」。＊

空心磚（parpaing）在摩洛哥相當普遍，是用水泥、沙子與水製成的混凝土磚塊，中空且呈灰色，便於砌牆，今日仍然廣泛使用。

＊詳見〈白手成家〉

偏遠鄉間與沙漠地帶的居民多半收入不佳，建造屋舍所需資金極高，一般常見情形是在家族經濟較寬裕時投入餘錢大興土木，一旦缺乏資金，隨時停工。等到屋舍稍具雛型，即便尚未粉刷或鋪地磚，往往便舉家住了進去，之後再慢慢完善這個家。

「牆是空心磚原來的深灰色，上面沒有再塗石灰，磚塊接縫地方的乾水泥就赤裸裸的掛在那兒。」

三毛生活時的西班牙區。

七〇年代的阿尤恩市容

三毛在〈白手成家〉鉅細靡遺描述了阿尤恩的生活場景，留下不少線索，舉凡教堂、郵局、法院、墳場、國家旅館與市政府等，皆可在現存建物裡找到痕跡，讓我們幾乎可以重建他倆當年的主要活動範圍。

故事從她下飛機，提著行李，跟荷西走出機場開始，「走了快四十分鐘，我們轉進一個斜坡，到了一條硬路上，這才看見了炊煙和人家。」荷西解釋那是「阿雍城的周邊」，路旁「搭著幾十個千瘡百孔的大帳篷，也有鐵皮做的小屋，沙地裡有少數幾隻單峰駱駝和成群的山羊」，兩人終於走進一條長街，「街旁有零落的空心磚的四方房子散落在夕陽下」，最後一棟有著長圓形拱門的小房子，就是荷西為她準備的家，「這個家的正對面，是一大片垃圾場，再前方是一片波浪似的沙谷，再遠就是廣大的天空」，至於家的後面「家後面是一個高坡，沒有沙，有大塊的硬石頭和硬土」，往熱鬧鎮上走，「有人家，有沙地，有墳場，有汽油站，走到天快全暗下來了，鎮上的燈光才看到了」，舉凡銀行、市政府、法院、郵局、商店、荷西公司的總辦公室、公司高級職員宿舍、酒店與電影院，全在那兒。另外還有「公寓是高級職員的宿舍，白房子是總督的家，當然有花園，你聽見的音樂是軍官俱樂部」，以及如回教皇宮城堡般的四星級國家旅館。

這段文字已大略描述了從機場走到阿尤恩經濟與政治核心區的建築與地貌，讓人清楚感受到都市規劃與種族隔離政策形成的某種空間切割，比如外圍窮困帳篷區與鐵皮屋，以及擁有花園、傳來音樂的西班牙高級官員進駐的政經核心地段，如何同時坐落在地勢高低起伏，硬石、硬土與沙地沙丘交錯的地質上。

西班牙殖民時期的黑白老照片顯示，當時撒拉威人可說是將傳統居住方式帶到了阿尤恩這個現代新興殖民城市，遊牧帳篷、圈養的駱駝與簡陋小屋搭建在城鎮外圍的沙地上，人與駱駝羊群混居，以鐵皮、木條與土塊搭建的小屋歪斜破敗，活似貧民窟。

另一方面，西班牙人居住的區域既現代又潔淨，重要的行政機構與商業區皆圍繞著總督府與教堂一帶衍生，多數建物今日也依然留存。

三毛與荷西結婚的西班牙教堂可謂核心區域的精華地段，教堂前有著寬闊廣場與筆直馬路，不遠處即是三毛文中的總督府、市議會與西班牙廣場，西班牙圓頂建築沿著教堂前的馬路興建，優雅、美麗、大器。

舊時醫院在教堂左側，占地頗大，建築風格新穎現代，方形與圓拱形建物完美交錯，相當雅致。做為當時阿尤恩唯一一家醫院且由西班牙政府開辦，這裡也是三毛曾經緊急就醫*、學生法蒂瑪生下小男嬰並成為「附近第一個去醫院生產的女人」的地方†，同時也是沙伊達工作的醫院‡。可惜的是醫院早已被拆除，與教堂前的廣場改建成公園。

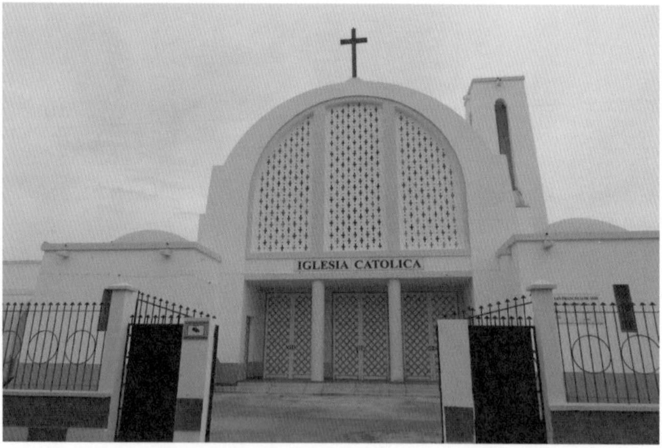

三毛和荷西結婚的西班牙教堂 St. Francis of Assisi Cathedral。

*詳見〈死果〉

†詳見〈懸壺濟世〉

‡詳見〈哭泣的駱駝〉

舊時總督府官邸照片雖為黑白，不排除建物本身就是白色，前院有著高大樹木，讓人可以想像三毛與荷西如何「爬進了總督家的矮牆，用四隻手拚命挖他的花」＊，最後被巡邏的衛兵發現，兩人緊張地擁吻，假裝談情說愛，這才逃過一劫。

從舊時地圖與老照片可發現，三毛故居附近的穆斯林墳場在殖民時期已經存在，而她提及的汽油站為 instalaciones de CEPSA，就在墳場附近，該公司成立於一九二九年，是西班牙第一家私營石油公司，總部位於馬德里。

除此之外，三毛不時提到的電影院——「這個可憐小鎮，電影院只有一家又

離三毛故居幾步路之遙確實有一座穆斯林墳場，現今已用圍牆圍起來。

※ 詳見〈白手成家〉

髒又破的」——可是當地極為少數的娛樂場所之一，足以讓駐守沙漠的西班牙小兵盛裝前來，而且三毛與荷西結婚前夕就是去這家「五流沙漠電影院」看《希臘左巴》告別單身。

這家電影院確實存在，名為「沙丘電影院」（cine las Dunas），於西班牙撤離後關閉至今。從老照片裡可以看到，穿著軍裝的西班牙士兵、身穿短衣短褲的西班牙年輕女性與一身藍色長袍的撒拉威人行經電影院前，可見電影院當時受歡迎的程度。

至於三毛當年收取包裹、將稿件寄回臺灣的郵局，現今已成危樓，不再使用，信箱上卻仍以西班牙文寫著「correos」（郵件）。

三毛當年將稿件寄回臺灣的郵局已成危樓。

總歸來說，三毛口中的「鎮上」，舉凡總督府（al Gobierno General del Sahara）、市政府（ayuntamiento）、西班牙廣場、軍官娛樂場（el casino de Oficiales）、教堂、醫院、法院、郵局、銀行、荷西工作的公司總辦公室等，全在舊時西班牙區的核心地帶，該區亦有舊時做為礦產公司員工宿舍的現代公寓，與三毛文中曾提及荷西同事住在單身宿舍*，以及「公寓是高級職員的宿舍」†等細節相當吻合。

另外，西班牙區還有市集，由數十間方形獨立建築共同串連，販售日常用品，滿足西班牙僑民生活所需。市集附近則是當時社經條件較優的西班牙人住所，不時可見兩層樓以上的建築物。西班牙撤離後，市集與商

西班牙市集為數十間方形獨立建物，相對老舊，以販售生活用品為主。

*詳見〈素人漁夫〉
†詳見〈白手成家〉

家改由撒拉威人接手並持續經營，一家家獨立小鋪賣的依然是生活用品。相對於一九七五年後摩洛哥政府大力扶持的新市區，西班牙市集顯得老舊破敗，生活步調優閒緩慢。

大體上，西班牙政府遠從西班牙本土進口建材來打造軍事與殖民城市阿尤恩，建物新穎堅固，而西班牙撤離以後，教堂依然為教堂，總督府等行政機構則由摩洛哥政府接管，今日仍然擔負著行政中心等任務。

阿尤恩年輕人向我透露，舊時西班牙高級宿舍由當時有權有勢的撒拉威人接手，軍營則改建成民宅，由社經地位較差的撒拉威人居住，有時會分發給一九七五年之後抵達阿尤恩的摩洛哥人。

至於核心區域外圍，三毛在〈天梯〉描述自己去阿尤恩的駕駛學校報名上課、考駕照，「汽車學校的設備就是在鎮外荒僻的沙堆裡修了幾條硬路」，「往離鎮很遠的交通大隊」辦公室，另外「考場的筆試和車試都在同一個地方，恰好對面就是沙漠的監獄」。

據判斷應該在今日的海軍大道（Boulevard de la Marine）與伊本薩烏德大道（Boulevard Ibn Sa Oud）兩條路交會處，這一帶在西班牙殖民時期離宗教與行政核心區域較遠，設有監獄、PT機構中心（Centro institución PT）和政府車庫（Cocheras del Gobierno），一間與駕駛及車輛相關的機構（automovilismo）亦離此地不遠。

西班牙區的建築。

圓頂：西班牙殖民時期的建築特色

身為西班牙在非洲殖民地首度進行城市規劃的聚落，阿尤恩以對齊的東西線來規劃整體發展，最初的城市結構核心則是西班牙式建築。這些建築具有卓越完美的實驗性，建築風格既追求與自然共生，又希望能夠重新詮釋社會文化。

阿尤恩的西班牙建築風格以圓頂著稱，阿語為 leqbibat（القبيبات），由具有軍官身分的建築師阿盧斯坦特（Alonso Allustante）設計。

鑑於沙漠氣候乾熱，深受陽光曝曬與沙塵暴之苦，阿盧斯坦特從沙漠帳篷汲取靈感，試圖與陽光和諧共處，創造適當陰影，降低人類活動空間的溫度。建物形狀有半球形、半圓柱形及立方體加上半球形等，利用生物氣候原理，透過半球形圓頂屋面與有限的窗戶自然調節室內溫度，圓形屋頂則可防止沙塵暴來襲時，沙子堆積在屋頂與角落。

西班牙殖民時期圓頂建築。

圓頂建築內部空間不大，偶有居民在外圍增建水泥建物。

最具標誌性的建物是教堂與國家旅館。

另外，撒拉威人的住所被設計成介於歐式與遊牧帳篷之間的過渡，十二頂帳篷式住所通向一座中央庭院，形成一個街區，好讓居民可和牲畜同住。

西班牙撤離後，多數圓頂建築完整保存了下來，入住者多為中下階層的撒拉威人，不少圓頂建築原先為軍營，爾後改建成民宅，內部空間不大，偶有居民在圓頂建築外加蓋方形建物。

圓頂建築可說是充滿西班牙殖民色彩的文化遺產，今日更成為阿尤恩吸引西班牙遊客前來的一大觀光賣點。

國家旅館的特殊性

三毛筆下有個「高級場所」名為「國家旅館」，那是一個宛若「回教皇宮城堡」的存在，「四顆星的，給政府要人來住的」。她和荷西上那兒參加一場酒會，得拿出許久不穿的黑色晚禮服，搭配「幾件平日不用的稍微貴些的項鍊」與紋皮高跟鞋，慎重程度，可想而知。

她如此描述：「國家旅館是西班牙官方辦的，餐廳佈置得好似阿拉伯的皇宮，很有地方色彩，燈光很柔和，吃飯的人一向不太多，這兒的空氣新鮮，沒有塵土味，刀叉擦得雪亮，桌布燙得筆挺，若有若無的音樂像溪水似的流瀉著。我坐在裡面，常常忘了自己是在沙漠，好似又回到了從前的那些好日子裡一樣。一會兒，菜來了，美麗的大銀盤子裡，用碧綠的生菜襯著一大排炸明蝦，杯子裡是深紅色的葡萄酒。」字裡行間，無不是國家旅館的氣派輝煌，西式料理能夠出現在沙漠荒蕪地，宛若奇蹟一般，無比奢華。*

不僅如此，入住國家旅館的也不是普通百姓，除了政府要人：「沙漠為了摩洛哥和茅裡塔尼亞要瓜分西屬撒哈

三毛與荷西曾經用餐的國家旅館。

國家旅館內部迴廊為伊斯蘭風格。

*詳見〈素人漁夫〉

拉時，此地成了風雲地帶，各國的記者都帶了大批攝影裝備來了。他們都住在國家旅館……」就連通訊社派來的記者要請三毛和荷西吃飯，國家旅館都是不二之選。

現實裡的「國家旅館」確實大有來頭，西語舊名 Parador Nacional，三毛意譯成「國家旅館」，是由西班牙國家經營的連鎖飯店，也是西班牙政府觀光旅館計畫（Parador de Turismo）的一部分。

在西班牙國王阿方索十三世主持下，西班牙觀光旅館（Paradores de Turismo de España）創立於一九二八年，將城堡、堡壘、修道院與歷史建築改建成一系列豪華旅館，促進西班牙旅遊業發展。第一家在一九二六年創立於格雷多山脈（Sierra de Gredos），整體計畫於六〇年代迅速擴大。

阿尤恩的國家旅館於一九六八年開幕，是該計畫第七十九家旅館，地點是當時阿尤恩已開發地區的邊緣，離西班牙廣場和政府官邸皆不遠。旅館位於山坡，居高臨下，可瞭望舊城區與遠方河流，建築採安達魯西亞風格，初期有二十間雙人房、餐廳、沙龍、酒吧、天臺等，以及一座安達魯西亞花園。

落成典禮時，新聞及旅遊部長伊里巴內（Manuel Fraga Iribarne）親自從大加納利島的拉斯帕爾馬斯搭機抵達斯馬拉，並在當地重要人士陪同下前往參加。

國家旅館既誕生於西班牙國家觀光政策搖籃中，爾後自然成了各種政治意涵展演的空間。

正因為具有接待國際媒體與聯合國專員的特殊性，國家旅館前的廣場上後來發生了一場史無前例的「起義」（intifada）。

一九七五年十一月六日的綠色行軍後，摩洛哥控制西撒。一九七六年二月二十七日，最後一名西班牙士兵離開撒哈拉，當時謠傳聯合國代表團與國際媒體已下榻國家旅館，數百名撒哈拉婦女於是率先集結在旅館前示威抗議，男性抗議者隨後加入，共同譴責自摩洛哥入侵以來所發生的悲慘事件與無辜傷亡，包括失蹤、酷刑、鎮壓、大肆逮捕抗議者與種種迫害。

當晚，示威者全部被捕，夜間拘留規模之大，幾乎牽連了全城近一半人口，西班牙人撤走後的區域全部塞滿了被捕者，一場驚人可怕的鎮壓浪潮席捲全城。爾後，被拘捕的示威者多半獲得釋放，摩洛哥官方對外表示，這不過是一場波利薩里奧陣線首次成功動員支持者所造成的混亂。

一九七五年，西班牙撤離西撒，阿尤恩的國家旅館大門深鎖，幾個月後，摩洛哥人接手，重新開張至今，改名帕拉多爾旅館（Hotel Parador）。

今日，這間保有舊時建築結構的旅館依然擁有「城堡似的圍牆」，依然接待政府官員、各界重要人士、國際媒體人與聯合國專員，雖然相較於新式現代建築，旅館設備與裝潢略嫌老舊，經營狀況大不如前，但因歷史地位特殊，摩洛哥前國王哈桑二世（Hassan II）與現任國王穆罕默德六世（Mohammed VI）前來阿尤恩，仍然下榻於此。

此時旅館外的圍牆上高高掛著哈桑二世、穆罕默德六世及王儲穆萊．哈桑的畫像，背景中央是哈桑二世一九八五年建造的梅楚瓦廣場（Place de Méchouar）高塔，摩洛哥皇家軍機飛越綠洲、河流、沙丘與遊牧帳篷，畫面左側是騎在駱駝上，高舉摩洛哥國旗的撒拉威戰士，宣示摩洛哥對西撒主權的意涵，不言而喻。

與史實諸多吻合的〈沙巴軍曹〉。

阿尤恩的建城具有重要的軍事及殖民作用，城內軍營與駐軍極多，三毛時常提到軍人與軍團的存在：與荷西駕車前往沙漠途中，檢查站有哨兵守衛*；緊急送醫時，車子開下坡卻撞上沙堆，軍車駕駛兵立即前來救援†；總督家門口有衛兵荷槍站崗‡；周日黃昏的市政府廣場上有外籍兵團的交響樂團演奏※；在沙漠裡遇著盛裝前往小鎮只為了看場電影的西班牙遊騎兵種小兵#，更不用說她常常去採購蔬菜、飲水甚至是盒裝牛奶的軍營福利社，處處可見阿尤恩之為軍事城鎮的特殊性。

而在所有作品中，與軍人最直接相關的，當屬〈沙巴軍曹〉。

三毛將駐紮西撒的軍人稱之為「外籍軍團」或「沙漠軍團」，以後者更為常用。她如此描述：「這裡駐著的兵種很多，我獨愛外籍兵團（也就是我以前說的沙漠兵團）。」&對荷西來說，「沙漠軍團是最機警的兵團」，其慓悍勇猛與卓越作戰功力，

*詳見〈荒山之夜〉
†詳見〈死果〉
‡詳見〈白手成家〉
※詳見〈白手成家〉

可想而知。

〈沙巴軍曹〉提到了十六年前一起發生在魅賽也綠洲的慘案。魅賽也擁有豐沛清甜水源，撒拉威人將駱駝羊群趕來放牧、紮營，爾後西班牙的沙漠軍團也來了，雙方時常為了爭奪水源而起衝突，「後來，一大群沙哈拉威人偷襲了營房，把沙漠軍團全營的人，一夜之間在睡夢裡殺光了。統統用刀殺光了。」只有沙巴軍曹因酒醉而倖存，從此恨透撒拉威人，三毛在他翻起袖子的手臂上看到刺青，深藍色的俗氣情人雞心下刺了一排字——「奧地利的唐璜」。

一九七五年，西撒政治情勢愈形詭譎危險，有天，三毛經過沙漠軍團的公墓，「公墓的鐵門已經開了，第一排的石板墳都已挖出來，很多沙漠軍團的士兵正把一個個死去的兄弟搬出來，再放到新的棺木裡去。我看見那個情形，就一下明白了，西班牙政府久久不肯宣佈的決定，沙漠軍團是活著活在沙漠，死著埋在沙漠的一個兵種，現在他們將他們的死人都挖了起來要一同帶走，那麼西班牙終究是要放棄這片土地了啊！」

故事結局是撒拉威小孩撿到一個插有一面游擊隊小布旗的盒子，軍曹發現事有蹊蹺，警覺地要趕走小孩，怎知其中一個小孩拔起了旗子，軍曹為了保護小孩，奮不顧身地撲上去，被炸成了碎片，小孩只傷了兩個。

詳見〈搭車客〉
& 詳見〈白手成家〉

隔天，軍曹屍體「被放入棺木中，靜靜的葬在已經挖空了的公墓裡，他的兄弟們早已離開了，在別的土地上安睡了，而他，沒有趕得上他們，卻靜靜的被埋葬在撒哈拉的土地上，這一片他又愛而又恨的土地做了他永久的故鄉。」該軍曹的墓碑很簡單，上面刻著：「沙巴・桑卻士・多雷，一九三二～一九七五。」

軍曹人名難以考證追查，故事看似悲傷沉痛、荒謬且不可思議，但當中有許多細節卻奇妙地與史實吻合。

魅賽也在哪裡？

在西撒當地諮詢幾位耆老之後，我們好不容易找到了一處隱密的小型綠洲，古名為Messayé，與〈沙巴軍曹〉裡的「魅賽也」同名，距離阿尤恩約二十五公里。這裡所有的景致與三毛文字描述高度吻合：位於寬闊乾枯的河床上，兩岸如大峽谷似的斷岩，河床中間有幾棵椰棗樹*與不斷冒著美好淡水的泉水，附近並無建物且早無人居，漸為人淡忘，就連「魅賽也」這古老名字也僅僅存在於耆老的記憶中。現在偶爾會有阿尤恩居民來這個小綠洲散心、野餐，河谷一處空地正逐漸開發成農田，高處設有儲水槽收集雨水與井水等，以此取得灌溉水源。

＊三毛文中寫椰子樹，但此地所見實物為椰棗樹，或稱棕櫚樹，樹幹筆直高大，樹葉生長在頂端，傘狀般地散開。椰棗樹與椰子樹頗為形似。

「外籍軍團」是真是假？

「外籍軍團」與「沙漠軍團」不僅確實存在，而且依舊存在。

現代西班牙軍團（Legión Española）原名正是「外籍軍團」（Tercio de Extranjeros），成立於一九二〇年九月二十日。

十六世紀的西班牙曾是地球上最強大的殖民帝國，但到了十九世紀上半葉，拉丁美洲獨立運動風起雲湧，西班牙殖民地所剩無幾，進入二十世紀初，就連僅存的非洲殖民地摩洛哥也面臨北部里夫區柏柏爾族的反抗。

為了保住海外市場與原料產地，西班牙於一九二〇年成立精銳部隊與僱傭

一座隱藏在沙漠隱密處的小綠洲，古地名「魅賽也」，地形、水源與植被都相當符合三毛的描述，現已無人居。

兵軍團，並讓外籍志願者入伍，稱為「外籍軍團」，不過實際上只有四分之一是外國人，和法國的外籍軍團性質不同。

受過嚴謹專業軍事訓練的外籍軍團作風慓悍兇狠，承擔最艱鉅的危險任務且待遇優渥，不僅讓西班牙順利弭平里夫叛亂，更進而參與西班牙內戰。

一九二三年，佛朗哥擔任外籍軍團指揮官，三年後便因軍功卓越而升任將軍。一九三六年，左翼政府解除了佛朗哥的職務，把他調派到偏遠的加納利群島，但他一遠離左翼政府的監控就搭機前往外籍軍團在摩洛哥的營地。一九三六年至一九三九年的西班牙內戰期間，希特勒與墨索里尼用德國運輸機把外籍軍團從非洲運送到西班牙本土——這是西班牙內戰中最重要的外國干預之一——在這支精銳部隊支援下，佛朗哥打贏了內戰。

一九三九年西班牙內戰結束，佛朗哥大權在握，外籍軍團雖落得「佛朗哥豢養的野獸」惡名，仍然備受信任與厚愛，撤回北非殖民地駐防，直到一九七六年殖民統治結束才撤離西撒。

由此可知，「外籍軍團」並非三毛憑空捏造。由於外籍軍團是為了弭平摩洛哥北部里夫區柏柏爾族叛亂而招募的，爾後又派駐西撒，因此也稱「非洲軍團」或「沙漠軍團」（Legión en Sahara）。

另外，三毛文中「奧地利的唐璜」同樣真實存在，原名 le Tercio Don Juan de Austria 3e de la Légion，是外籍軍團的一支，又稱「第三軍團」。第三軍團創建於一九三九年十二月二十一日，原本駐守摩洛哥北部城市拉臘什（Larache），一九五八年八月隨西撒政局漸趨平靜而改組並增加配備，移駐撒哈拉的阿尤恩等地，營區分散各地，在沙漠地形中接受嚴格的軍事訓練，甚至鎮壓一場又一場反殖民運動。一九七〇年巴希爾（Mohammed Bassiri）號召的和平示威即由第三軍團鎮壓，造成諸多平民死傷。

一九七五年，摩洛哥發動綠色行軍，佛朗哥也於同年病逝。

一九七六年，西班牙撤離西撒，仍保有休達（Ceuta）和梅利利亞（Melilla）這兩個北部飛地，持續由外籍兵團駐防。

一九八二年，西班牙加入北約，外籍兵團更名「西班牙兵團」，但西班牙人仍習慣稱它為外籍兵團。

另一方面，「奧地利的唐璜」第三軍團移師加納利群島的富埃特文圖拉島（Fuerteventura），部分士兵因適應不良，產生沮喪等創傷性情緒反應，竟加入該島許多犯罪活動，一九七九年八月和一九八二年六月都發生逃兵劫持飛機事件，在造成三名遊客喪命後，有了解散軍團的呼籲。

現今的西班牙軍團仍有一支「第三軍團」（le Tercio Don Juan de Austria 3e de la Légion），不過是一九九五年由其他軍團改組而成，是一支長年派駐海外的先鋒部隊。

此外，阿尤恩耆老證實，過去確實曾有西班牙墓園，西班牙撤離時也的確把墓園裡的屍體帶走了，相關紀錄從當時住在阿尤恩的西班牙人文字中亦可找到＊。

伊夫尼戰役：暗夜屠殺的反殖民遠因

三毛提及的綠洲魅賽也慘案雖不見於史料中，卻與當時反殖民時代氛圍有著驚人呼應。

一九五六年，摩洛哥獨立，西班牙同意自摩洛哥北部撤軍，但保有西撒哈拉等領地，並持續由外籍兵團駐守當地。

摩洛哥向來將西撒視為不可分割的領土，獨立後，更積極以各種方式試圖奪回西撒，其中包括軍事行動。

一九五六年，摩洛哥積極招募撒拉威人加入摩洛哥國家解放軍（Armée de libération nationale，一九五五～一九五八，簡稱ＡＬＮ），試圖驅逐西班牙殖民者。

一九五七年四月，摩洛哥國家解放軍包圍伊夫尼，正式開啟戰端。六月，佛朗哥將

＊參見 JOSÉ CARLOS ROJO, “El último día del Sahara español, by JOSÉ CARLOS ROJO”. 2016

軍派出菁英部隊駐守阿尤恩。此後接連發生了一系列武裝衝突，雙方各有死傷，直到關鍵的德希拉之戰（Bataille de Dcheira）。

一九五八年一月十二日，摩洛哥國家解放軍襲擊駐紮阿尤恩的西班牙軍團，被擊退後，旋即於十三日在德希拉進行軍事報復，與西班牙軍隊發生激烈槍戰。摩洛哥擅長以沙丘做掩護且人數眾多，西班牙軍團浴血奮戰，雖然終於成功讓摩洛哥撤退，卻幾乎整團遭到殲滅。

法國不願反殖民勢力壯大，於二月加入西班牙陣營，兩國合組聯軍。在法國精銳軍團協助下，西班牙取得

伊夫尼舊時西班牙軍營為典型的圓頂建築，占地遼闊，已成廢墟。

關鍵性勝利。

四月，西班牙和摩洛哥簽訂協議，摩洛哥獲得塔法亞一帶但不包括伊夫尼，西班牙則保有西撒。

這一系列於一九五七年至一九五八年發生在西班牙與摩洛哥之間的軍事衝突被稱為「伊夫尼戰爭」，又稱「被遺忘的戰爭」，被視作二十世紀五〇、六〇年代橫掃非洲的去殖民化運動之一。其中關鍵性的德希拉之戰讓摩洛哥最終拿下塔法亞，朝「國家領土完整」邁進，被視為光榮戰役。西班牙雖然打贏並保有西撒，但在當時全球反殖民的時代氛圍下，也蒙受來自聯合國愈來愈大的壓力。

三毛文中的魅賽也慘案，恰與伊夫尼戰役有著時間上與地點上的驚人巧合。

〈沙巴軍曹〉作於一九七五年，魅賽也慘案發生於十六年前，也就是一九五九年，那時第三軍團已經駐守撒哈拉，並在阿尤恩軍營值勤、受訓。

當地古名為魅賽也的小綠洲，恰巧就在德希拉不遠處。

一九五九年的阿尤恩，即使已因摩洛哥和西班牙簽訂協議而狀似平靜，民間卻極可能波濤洶湧，人心思變。畢竟那是個非洲反殖民意識愈形高漲的年代，撒拉威人對西班牙殖民者懷有極深敵意，和平共處並未真正到來。

〈沙巴軍曹〉裡的老人口述，雙方是因爭奪水源而起殺意，然而，若將戰爭帶來的血腥殺戮、對當地人的衝擊與種種殘害放入當時的政治與文史脈絡來思考，再加上遊牧民族四處遷徙等特性，水源爭奪很可能只是表面因素，抑或老人不願對三毛詳談。

我曾在伊夫尼訪問一位年過六十的長者，他家族原本在阿尤恩一帶遊牧，四〇年代時由於父親為西班牙警方工作而舉家遷往伊夫尼。後來伊夫尼戰爭爆發，他父親左右為難，一邊是親族撒拉威戰士，另一邊卻是自己的頂頭上司西班牙政府，雖然他父親拒絕做任何會傷害撒拉威人的行為，在親族眼中卻已是「叛徒」，多年後依然擺脫不掉這個標籤。

若在伊夫尼的撒拉威人如此敵視為西班牙政府工作的族人，更不用說德希拉一帶的撒拉威人多麼仇視西班牙外籍軍團了。

形塑歷史的經濟資產：磷酸鹽礦。

三毛與荷西前來的七〇年代，正是西撒政權更迭的關鍵時刻，荷西工作的磷酸鹽礦場更早已是列強覬覦西撒的資產之一。

磷酸鹽礦（phosphate）可說是形塑整個西撒近代史最重要的經濟資產，除了讓西班牙殖民政府更加積極投資西撒，也造就了阿尤恩現今的面貌與重要地位，而若非荷西找到磷礦場的工作，便不可能讓三毛如願前來撒哈拉，寫出深深影響華文世界的作品。

法國早在二十世紀初就已從突尼斯和阿爾及利亞開採出磷酸鹽，源源不斷地輸送至地中海對岸。法國地質學家同樣在摩洛哥勘測到磷酸鹽礦，但未受重視，直到一九二〇年法國駐摩洛哥總司令萊奧泰（Hubert Lyautey）下令建立謝里夫磷酸鹽辦事處（Office chérifien des phosphates，簡稱OCP）才開始大規模開採。此一模式拒絕西方企業的私有化制度，力主將磷酸鹽資源交由摩洛哥國家層面統一開發管理，沿襲至今。

一九四七年，布嘎蘊藏的磷酸鹽礦脈被探勘了出來；一九六〇年代，正式開採；一九七三年，開始出口，荷西與三毛也在這一年前來。

一九六二年，西班牙成立國營企業「福斯布嘎」（Fos Bucraa），透過世上最長、約一百零二公里的輸送帶，將磷酸鹽從布嘎直接運往離阿尤恩二十五公里的埃爾馬薩（El Marsa）港，簡單處理後再以船隻運出。

三毛關於荷西工作的磷礦場文字雖不多，卻與事實驚人吻合。〈白手成家〉裡提到：「坐在公司的吉普車上，我們從爆礦的礦場一路跟著輸送帶。開了一百多里，直到磷礦出口裝船的海上長堤，那兒就是荷西工作的地方。」在〈搭車客〉裡，三毛開車去接荷西下夜班，但荷西臨時加班，隔天清早才能回家，因為「一條船卡住了，非弄它出來不可，要連夜工作，明天又有三條來裝礦砂」。可見荷西工作的地方應該是港口，可供船隻停泊，將磷礦運送出海。

三毛提及的磷礦場很顯然就是布嘎，而荷西工作的西班牙礦場公司就是國營企業「福斯布嘎」，總公司辦公室位於阿尤恩市區，與三毛說的完全吻合。至於磷礦出口裝船的海上長堤應是埃爾馬薩。依據我們在當地多方向耆老求證，西班牙殖民時期埃爾馬薩有一座簡易港口，很多西班牙人都在那裡工作，將磷礦裝載出口。直到今日，磷礦處理廠仍然集中在那一帶，但已興建現代化港口，可停泊漁船與貨船，進出受到管制。

一九七六年二月，西班牙依約撤離西撒，不過仍保有布嘎磷酸鹽礦開採權，摩洛哥磷酸鹽公司OCP集團則收購「福斯布嘎」百分之六十五所有權，部分西班牙員工留守礦場。荷西抵達加納利群島後，因為失業，不得不再回礦場工作，由於當時的西撒局勢相當混亂，三毛留在加納利群島，荷西假日才飛回來，所以「荷西每一趟回家，對她就像過一個重大的節日」。*

三毛寫到，隨著西撒武裝衝突加劇，磷礦公司讓職員自行決定去留，到後來，「游擊隊已經用迫擊炮在打沙漠的磷礦工地了」，百分之八十的西班牙同事都辭職不幹，荷西最後也辭去了工作†。

從目前的公開資料會發現，三毛所述與事實相當吻合。

由於政治騷擾不斷，游擊隊波利薩里奧陣線不時轟炸輸送帶，時有礦場員工受傷甚至死亡，「福斯布嘎」不得不於一九七六年停止開採，蒙受重大損失。直到摩洛哥興築「沙牆」，鞏固對該地區的掌控，才終於得以在一九八二年七月重啟採礦工程，但規模大幅縮小。

二〇〇二年後，摩洛哥OCP集團已成「福斯布嘎」唯一所有者。

* 詳見〈荷西・荷西〉收錄於《雨季不再來》、〈這樣的人生〉收錄於《稻草人手記》

† 詳見〈士為知己者死〉收錄於《稻草人手記》

綠色行軍前的虛虛實實。

幅員遼闊的西撒至今仍有主權爭議，卻是撒拉威人的原鄉。歷史上，撒拉威部族一度效忠摩洛哥王朝，卻非現代意義下的國家領土。一八八四年，西撒進入西班牙殖民時期，二戰後亞洲與非洲殖民地紛紛爭取獨立，西撒主權問題也逐漸浮上檯面。

三毛與荷西抵達西撒的時間恰巧落在一個極為關鍵的歷史轉折點，也就是一九七五年綠色行軍前兩年。

三毛曾說：「我的作品幾乎全是傳記文學式的。不真實的事情，我寫不來……」就史料與田野調查結果判斷，三毛文字泰半符合西撒風俗、歷史與自然景觀，〈哭泣的駱駝〉與〈沙巴軍曹〉則可說是從「外國平民百姓」的角度去理解非洲反殖民浪潮下的一系列政治與武裝衝突。

不過，三毛的著作並非嚴格意義下的紀實文學，而是「有所本」的文學創作，少數人物應是杜撰與想像，觸及敏感的西撒主權轉移、撒拉威游擊隊與綠色行軍時，尤其明顯。三毛巧妙擬塑人物，鋪排劇情，以優雅細膩的文字呈現一個混亂動盪時代的關鍵轉變。

關於她抵達和離開西撒的確切日期，坊間說法不一。據現有資料與三毛文字，我推測她應是在一九七三年前來*，一九七五年十月三十一日離開†。換言之，三毛趕在十一月六日綠色行軍前倉皇離開，並未親眼目睹這場重大歷史事件。

非洲去殖民化的時代氛圍

各國暗自角力的一九七五年，正是三毛與荷西身在西撒的年代。

五〇年代後，非洲爭取獨立的反殖民力量愈形壯大。隨著摩洛哥與茅利塔尼亞紛紛獨立，阿爾及利亞為了爭取獨立建國與法國陷入苦戰，聯合國亦提醒西班牙正視西撒的去殖民化進程，傾向以民族自決來處理。與此同時，鄰近的摩洛哥、茅利塔尼亞與阿爾及利亞無不覬覦著這塊大地，撒拉威人的游擊隊更不時破壞西班牙種種建設，試圖爭取獨立。西班牙承受著愈來愈大的壓力。

在三毛筆下，同樣感受得到各種政治勢力在寧靜沙漠生活背後的劍拔弩張，西班牙

＊在〈心愛的〉一文：「一九七三年我知道要結婚了，很想要一個『布各德特』掛在頸上，如同那些沙漠裡成熟的女人一樣。很想要，天天在小鎮的鋪子裡探問，可是沒有人拿這種東西當土產去賣。」

人與撒拉威人之間微妙的對立關係愈到後期也愈鮮明。七〇年代，為了爭取獨立，撒拉威游擊隊不時轟炸磷礦輸送帶，時而有人因地雷而喪生。

西班牙自一八八四年殖民西撒起就對這塊荒漠挹注了大量資金，經濟成效卻始終不佳，幾乎只有海岸漁獲與綠洲椰棗是稍可利用的資源，直到一九七三年開始外銷布嘎磷酸鹽礦，利潤才真正豐厚起來，再加上先前已針對種種採礦設備與基礎建設投入大量資金，自然不願放棄。

綠色行軍之前，各國勢力爭奪西撒，整體氣氛詭譎，衝突不斷：「這一片被世界遺忘的沙漠突然的複雜起來。北邊摩洛哥和南邊茅裡塔尼亞要瓜分西屬撒哈拉，而沙漠自己的部落又組成了游擊隊流亡在阿爾及利亞，他們要獨立，西班牙政府舉棋不定，態度曖昧，對這一片已經花了許多心血的屬地不知要棄還是要守。」†

三毛描述當時鎮上的撒拉威人看似全數心向游擊隊，國際媒體與聯合國觀察團也來了，然而，「沙是一樣的沙，天是一樣的天，龍捲風是一樣的龍捲風，在與世隔絕的世界的盡頭，在這原始得一如天地洪荒的地方，聯合國、海牙國際法庭、民族自決這些陌生的名詞，在許多真正生活在此地的人的身上，都只如青煙似的淡薄而不真實罷了。」‡

真正加入游擊隊的撒拉威人僅是少數，絕大多數人依然在荒漠深處逐水草而居，維

† 見〈荷西．荷西〉一文：「她纖瘦秀麗的外型，使人無法揣想真是撒哈拉的故事裡的那個三毛。雖然在沙漠時，也鬧著小毛小病。打去年十月三十一日，因為時局的關係，她被逼著離開沙漠，有十五天她沒有荷西的消息。」

‡ 詳見〈哭泣的駱駝〉

持傳統遊牧經濟，信奉伊斯蘭，生活圍繞著家庭與牲畜打轉。對他們來說，所有的口號，從「獨立」、「建國」、「反殖民」到「民族自決」……統統既虛無又飄渺，對於自身命運如何為大國掌控，絲毫無感。

愈逼近改朝換代的時刻，西班牙殖民者與當地撒拉威人的關係愈緊張。「西班牙士兵單獨外出就被殺，深水井裡被放毒藥，小學校車裡找出定時炸彈，磷礦公司的輸送帶被縱火，守夜工人被倒吊死在電線上，鎮外的公路上地雷炸毀經過的車輛……。」鎮上風聲鶴唳，學校關閉與宵禁，西班牙兒童被疏散回國，鎮上滿是坦克與鐵絲網。「可怕的是，在邊界上西班牙三面受敵，在小鎮上，竟弄不清這些騷亂是哪一方面弄出來的。」*

一九五八年的伊夫尼戰役結束後，和諧、寧靜與共存的氛圍逐漸在西班牙與撒拉威人之間建立起來，豈料一九七〇年巴希爾號召的和平示威慘遭西班牙第三軍團血腥鎮壓，將彼此的信任基礎破壞殆盡，雙方衝突不斷。

在三毛文字裡，同樣可讀到撒拉威人對殖民者的憤怒與厭惡愈形高漲，西班牙殖民者氣焰愈發不可一世，荷西同事甚至批評當地撒拉威人「飯不會吃，屎不會拉，也妄想獨立，我們西班牙太寬大了」，認為撒拉威人反殖民、爭獨立，不過是不懂得感恩罷了，「宰個沙哈拉威，跟殺了一條狗沒有兩樣。狗也比他們強，還知道向給飯吃的人搖

*詳見〈沙巴軍曹〉

尾巴……」，而且這等充滿種族歧視的偏激言論偏偏博得眾人喝采。*

三毛描述了阿尤恩街頭緊繃肅殺的氛圍：「當天晚上，市鎮全面戒嚴，騷亂的氣氛像水似的淹過街頭巷尾，白天的街上，西班牙員警拿著槍比著行路的沙哈拉威人，一個一個趴在牆上，寬大的袍子，被叫著脫下來搜身。年輕人早不見了，只有些可憐巴巴的老人，眼睛一眨一眨的舉著手，給人摸上摸下，這種搜法除了令人反感之外，不可能有什麼別的收穫，游擊隊那麼笨，帶了手槍給人搜嗎？」†

接受我們訪問的地方耆老對於當時的宵禁與搜身印象深刻，而當年在阿尤恩生活的西班牙人資料裡亦談及戒嚴和宵禁，還有西班牙軍隊荷槍搜身的資料與照片‡。

游擊隊與巴西裡

〈哭泣的駱駝〉描述美麗的撒拉威天主教助產士沙伊達與游擊隊領袖巴西裡的愛情故事，折射出西班牙殖民統治即將告終，摩洛哥綠色行軍前的阿尤恩。

三毛描述游擊隊領袖，同時也是沙伊達丈夫的巴西裡：「他的步伐、舉止、氣度和大方，竟似一個王子似的出眾搶眼，談話有禮溫和，反應極快，破舊的制服，罩不住他自然發散著的光芒，眼神專注尖銳，幾乎令人不敢正視，成熟的臉孔竟是沙哈拉威人裡

*詳見〈哭泣的駱駝〉

†詳見〈哭泣的駱駝〉

‡ Agaete mi pasión: de Agaete al Sahara, presencia y retorno，網頁：https://www.infonortedigital.com/portada/agaete-mi-pasion/item/81259-agaete-mi-pasion-de-agaete-al-sahara-presencia-y-retorno

從來沒見過的英俊脫俗。」巴西裡家族本來在南部有成千上萬的駱駝和羊群，為了支持游擊隊，駱駝都賣光了，只剩山羊。

一九七五年十月中旬，摩洛哥國王哈桑二世——三毛口中的「魔王」——號召綠色行軍，三毛房東罕地很快在自家天臺升起摩洛哥國旗，姑卡丈夫阿布弟卻加入游擊隊，可見撒拉威人的意見並不一致。她筆下，游擊隊領袖巴西裡於一九七五年十月二十二日，也就是綠色行軍之前，因游擊隊內鬨而橫死阿尤恩街頭。

至於由撒拉威年輕人組成的「波里沙裡奧人民解放陣線」，就是現今依然存在的「波利薩里奧」（Polisario）。三毛說，游擊隊從阿爾及利亞用哈桑尼亞語廣播，鼓吹民族自決、解放奴隸與女子教育等，當時「鎮上每一個年輕人的心幾乎都是向著他們的，西班牙人跟沙哈拉威人的關係已經十分緊張了，沙漠軍團跟本地更是死仇一般」。

「波利薩里奧」全名「薩基亞阿姆拉和里奧德奧羅人民解放陣線」（Frente Popular de Liberación de Saguía el Hamra y Río de Oro），簡稱波利薩里奧陣線（Frente Polisario），又稱西撒哈拉人民解放陣線，這裡簡稱「波陣」。成立於一九七三年五月十日，總部在阿爾及利亞，以反抗西班牙殖民者為目標，一九七五年已是西撒哈拉境內最大的武裝反抗組織。

波陣雖然真實存在且依然存在，當年的領導人名字卻不是三毛書裡的巴西裡，而是艾瓦利（El-Ouali Moustapha Sayed）。有意思的是，波陣前身「薩基亞阿姆拉和里奧德奧羅解放運動」（Harakat at-tahrir Saqiat al-hamra wa wadi-addahab ）的創始人為巴希爾（Mohamed Bassiri），音似「巴西裡」，這裡採用更接近哈桑尼亞語的「巴希爾」。

巴希爾是史上有名的撒哈拉民族運動領袖，一九四二年出生在遊牧家庭，自幼受伊斯蘭教育啟蒙，爾後因乾旱而舉家遷徙至坦坦（Tan Tan）。他在摩洛哥念完大學後，前往埃及與敘利亞留學，一九六六年回到摩洛哥，在卡薩布蘭加創辦反殖民意識強烈的政論雜誌《火炬》（*Chamaa*），希望將西撒從西班牙殖民者手中解放出來。在甘地影響下，巴希爾於一九六七年創立了「薩基亞阿姆拉和里奧德奧羅解放運動」，試圖以和平手段來達到反殖民目的，讓西班牙如芒在背。

一九七〇年六月十七日，巴希爾領導群眾在阿尤恩和平示威，爭取撒拉威人權益，卻遭受血腥鎮壓，西班牙第三軍團「奧地利的唐璜」朝民眾開槍，造成十一人死亡，數十人受傷，數百人入獄，巴希爾亦難逃被捕命運，下落不明。據信當晚即被第三軍團帶到沙丘上處決，年僅二十八歲，家屬至今仍在尋找他的遺體。

巴希爾被視為反殖民烈士，啟迪了波陣，再加上他在一九七〇年的阿尤恩示威抗議中被捕入獄，旋即失蹤，三年後抵達阿尤恩的三毛極可能是從當地人口中聽聞他的名字與傳奇，進而寫進書裡。

沙伊達

三毛筆下的沙伊達——應是撒拉威常見女性名字Saida——有著驚人美貌＊，身為孤女，十六七歲才被天主教修女所收容，爾後成為醫院助產士，因「背叛自己族人的宗教」而不被撒拉威人接受。

舊時的西班牙醫院就在教堂左側，考慮到殖民時期，教會傳教時往往伴隨著創辦醫院、學校、慈善救濟與孤兒院等，〈哭泣的駱駝〉曾提到局勢動盪時，三毛去沙伊達工作的醫院找她，「我慢慢的穿過走廊，穿過嬤嬤們住的院落」，裡面很多撒拉威孩子皆由修女們照顧，這些描述似乎是真實場景，若當時有失去父母的撒拉威女性因修女的照顧而入教，看似合理。

舊日的西班牙醫院如今早已拆除並改建成廣場與公園，阿尤恩現存孤兒院則隸屬於摩洛哥兒童保護聯盟（La ligue Marocaine pour La Protection de l'Enfance）。該聯盟創辦於一九五四年，原由摩洛哥皇室艾米娜公主（Lalla Amina）擔任主席，直到她於二〇一

＊見〈哭泣的駱駝〉一文：「沙伊達那潔白高雅、麗如春花似的影子忽而在我的眼前晃過，那個受過高度文明教養的可愛沙漠女子，卻在她自己風俗下被人如此的鄙視著，實是令人難以解釋。」

二年過世，改交給琪內博公主（Lalla Zineb）接任至今。也就是說，今日的孤兒院與西班牙殖民時的天主教會沒有任何關聯。

沙伊達雖是巴西裡的妻子，但因是基督徒，無法為撒拉威家族所接受，巴西裡家人從不知她的存在。

伊斯蘭規定，穆斯林男子可與非穆斯林女子結婚，前提是這位女性是「有經者」，即同為一神教的猶太教徒與基督徒，現在偶爾也包括佛教徒。異教徒女性若想嫁給穆斯林，必須改宗伊斯蘭。相對地，穆斯林女性不得與非穆斯林男性結婚，除非這位男性改宗伊斯蘭。

換言之，單純就伊斯蘭教義來說，巴西裡並非不可與沙伊達結婚。然而在現實操作上，遠遠無法如此理想，七〇年代的撒拉威大家族尤其不可能接受非穆斯林女性嫁進家門。

另個原因則在於宗教上的角力。

伊斯蘭與基督教同樣有宣教行為，隨著伊斯蘭王朝的領土持續擴張，經商路線不斷擴大、深化，宣教活動自然也十分活躍。早在西元七世紀伊斯蘭便已隨著阿拉伯人抵達北非，爾後藉由跨撒哈拉貿易線持續往西非與撒哈拉以南地區擴張，直到十九世紀初，

以及「燈光下，沙伊達的臉孔不知怎的散發著那麼嚇人的吸引力，她近乎象牙色的雙頰上，襯著兩個漆黑得深不見底的大眼睛，挺直的鼻子下面，是淡水色的一抹嘴唇，削瘦的線條，像一件無懈可擊的塑像那麼的優美，目光無意識的轉了一個角度，沉靜的微笑，像一輪初升的明月，突然籠罩了一室的光華，眾人不知不覺的失了神態，就連我，也在那一瞬間，被她的光芒震得呆住了。」

宣教活動緩慢而卓越。待歐洲殖民者前來非洲，伊斯蘭宣教人員與基督教傳教士很自然地處於某種競爭狀態。

例如〈寂地〉一文，兩個西班牙人在大沙丘迷路了，被救回來後，其中一個瘋了，穆斯林「山楝」要他朝麥加朝拜，讓鎮上神父很不高興。三毛說：「哪有那麼奇怪的神父，鎮上神父跟山楝一向仇人似的……」由此可知天主教神父與穆斯林「山楝」之間的對立緊張關係。

西撒的天主教徒極少，創立於一九五四年的宗座監牧現今設在阿尤恩，轄區覆蓋整個廣大的西撒，歸羅馬教廷管轄。一九七五年，西撒約有兩萬多名天主教徒，今日的信徒可能只有一百多人。就七〇年代的阿尤恩來說，很難想像會有信奉天主教徒的撒拉威女性存在。

此外，撒拉威傳統裡，家族至親關係緊密，相當重視對寡母孤兒的照顧。每個孩子都是伊斯蘭家族至寶與最重要的資產，無論男女，失去雙親的孩童往往由家族體系所承接，而非出養，這樣的傳統觀念讓「領養」制度直到今日都不易在摩洛哥普及開來。更何況，若沙伊達失去雙親時年已十六、十七歲，依照撒拉威傳統，家族會安排她出嫁，有所歸宿，而非交由異教徒（天主教修女）照顧。

我們在阿尤恩多方探尋，耆老們一聽到我們問：「西班牙殖民時期是否有撒拉威女性放棄伊斯蘭，改信基督教？」一個個驚恐搖頭，直說完全不可能。

問及是否有西班牙修女照顧失去雙親的撒拉威孤兒，耆老們紛紛表示，當時曾聽說修女會照顧撒拉威小孩，但並非孤兒院，比較類似幼兒園，更何況撒拉威人完全不可能將自己小孩交給異族或異教徒照料。倒是有聽說西班牙撤離時，少數失去雙親的波陣孤兒被帶往西班牙，但無法確認真假。

物換星移，那時代的人物皆已遠去，倖存者不願談及殖民時期的過往，摩洛哥政府也試圖抹去西班牙殖民痕跡，更深入的探究難以進行。但經由反覆推敲，我個人判斷沙伊達應是三毛筆下的虛構人物，以便帶出更能呈現當時氛圍與事件的故事。

波利薩里奧陣線。

七〇年代號召撒拉威年輕人對抗西班牙殖民者的波陣，其領導人艾瓦利於一九四八年出生在鄰近茅利塔尼亞邊界的遊牧帳篷裡，家境赤貧，五〇年代末因乾旱而結束遊牧生活，也讓他因而進入正規教育體系且表現秀逸。一九七三年，在阿爾及利亞民族解放陣線資助下，艾瓦利創立波陣，並於一九七五年因綠色行軍而前往廷杜夫（Tindouf）。一九七六年，創建撒拉威阿拉伯民主共和國，艾瓦利當選第一任總統。一九七六年，因一場武裝衝突而喪命於茅利塔尼亞，年僅二十八歲。

波陣在一九七三年創立後，以游擊隊的武裝突襲做為爭取獨立的手段，綁架西班牙人，騷擾軍隊，勢力迅速擴大。一九七四年至七五年，波陣逐步控制沙漠地帶，成為當時最重要的民族主義組織。一九七五年，西班牙被迫撤退到沿海主要城市，與波陣針對權力移交進行談判，當時波陣雖然獲得廣泛認同，組織本身卻不大，據估只有八百名戰士。

波陣靈活且突如其來的戰鬥方式讓西班牙政府不堪其擾。在波陣策畫下，阿尤恩示威抗議不斷，不時傳來莫名槍響，就連西班牙兒童都遭受襲擊。局勢動盪，人心惶惶，一如三毛所寫：「那時候，西班牙士兵單獨外出就被殺，深水井裡被放毒藥，小學校車裡找出定時炸彈，磷礦公司的輸送帶被縱火，守夜工人被倒吊死在電線上，鎮外的公路上地雷炸毀經過的車輛……」*

最能打中西班牙政府要害的自然是破壞具有經濟利益的設施，因此波陣時常襲擊布嘎的磷酸鹽輸送帶，迫使礦產停擺，由於磷酸鹽輸送帶長達一百公里，又位處荒野，根本防不勝防。此舉成功引起世人對撒拉威民族運動的關注，卻也逼使歐洲人離去。一九七五年上半年開始，僑民家庭大批撤離，飛往西班牙與加納利群島的航班加倍。

三毛有幾個朋友是游擊隊成員，但她從不掩飾心中悲觀，認為他們一個個都是理想主義者，充滿浪漫情懷地試圖建立自己的國家，然而撒拉威人幾乎半數都是無知暴民，西撒未來又恐淪為阿爾及利亞保護國，比原本更糟，甚至直言：「你們太浪漫，打游擊可以，立國還不是時機。」就連游擊隊領袖的老邁父親都搖著白髮蒼蒼的頭，悵然地喃喃自語：「不會獨立，摩洛哥人馬上要來了，我的孩子們，在做夢，做夢……」†

爾後發展不幸被三毛料中。

*詳見〈沙巴軍曹〉

†詳見〈哭泣的駱駝〉

綠色行軍。

「大摩洛哥」主張裡的領土

對逐水草而居的撒拉威人來說，生命是遼闊大地，天際唯有地平線、毫無人為疆界，以阿拉與先知穆罕默德為唯一指引，拒絕服從任何外來政權。

最積極爭取西撒主權的非摩洛哥莫屬。摩洛哥聲稱擁有西撒主權的理由是，漫漫長史中，撒拉威部族領導者曾經效忠於摩洛哥王室。在摩洛哥強力要求下，即便一九六三年的西撒還是西班牙殖民地，仍被聯合國列入了非自治領土名單且維持至今。

一九五六年，摩洛哥獨立前夕，政治人物艾拉・阿法西（Allal al-Fassi）提出「大摩洛哥」（le Grand Maroc）主張，認為部分西班牙與法國殖民地，在歐洲殖民摩洛哥之前屬於摩洛哥領土不可分割的一部分，必須一一收復「失土」。

一九六一年，摩洛哥國王穆罕默德五世（Mohammed V）去世，繼位的哈桑二世承接「大摩洛哥」主張，於一九六三年聲稱阿爾及利亞境內的廷杜夫和貝查爾（Béchar）屬於摩洛哥領土，與阿爾及利亞打了場「沙戰」（Guerre des Sables，一九六三～一九六四），一九六九年則從西班牙手中取得伊夫尼，勢力迅速朝西撒逼近。

然而，聯合國傾向以民族自決來解決西撒問題，西班牙亦逐漸接受。一九七四年，西班牙駐聯合國大使宣告，西班牙希望在國際社會保證下，讓西撒進行去殖民化並行使自決權，更為了全民公投而進行人口普查，結論是共有七萬三千四百九十七名撒拉威人居住在西撒這塊土地上。

特別值得一提的是，撒拉威人散居各處，習慣性遷徙，難以掌控確切人數。三毛在〈哭泣的駱駝〉裡三度提到撒拉威人約有七萬多名，數據很可能就是來自西班牙為了全民公投而做的人口普查。

一九七五年五月，聯合國使團抵達阿尤恩調查當地局勢與人民意願，撒拉威人走上街頭，搖動波陣旗幟，獨立聲浪高漲。十月，聯合國海牙國際法庭駁回摩洛哥與茅利塔尼亞對西撒主權的聲索，引起摩洛哥國王哈桑二世極度憤怒與不滿，認為聯合國以西方法律框架來詮釋摩洛哥與撒哈拉各部族的關係，不符合非洲實情與傳統觀念，必然得出錯誤結論，是而拒絕接受此一嚴重「錯誤」。

於是，哈桑二世（Hassan II，即三毛筆下「摩洛哥國王哈珊」）號召人民進行一場「綠色行軍」（三毛稱為「和平進軍」），突如其來的舉動打得西班牙與聯合國措手不及！這決定了西撒的命運，也迫使三毛與荷西逃難般地倉皇離開撒哈拉。

三毛筆下的綠色行軍

一九七五年，西撒局勢既險峻又動盪，撒拉威人正以游擊隊的方式試圖趕走西班牙等外來殖民勢力，摩洛哥國王哈桑二世號召的綠色行軍已逼近阿尤恩，隨時有可能入城。一片混亂危難中，西班牙人緊急撤離，三毛先行搭機離開，在加納利島上等消息，十五天後荷西才回來。

三毛並未親眼目睹綠色行軍，她的文字與史實卻有許多處驚人吻合。〈哭泣的駱駝〉裡：「十月十七日，海牙國際法庭纏訟了不知多久的西屬撒哈拉問題，在千呼萬喊的等待裡終於有了瞭解。」鎮上撒拉威人發瘋了似地慶祝，以為自己勝了。然而「當天晚上撒哈拉電臺的播音員突然沉痛的報告著：『摩洛哥國王哈珊，召募志願軍，明日開始，向西屬撒哈拉和平進軍。』」

現實中，一九七五年十月十六日，國際法院按聯合國大會要求，發布了一項關於西撒哈拉地位的諮詢意見，駁回摩洛哥和茅利塔尼亞的主權聲索，同一天，也就是十月十六日，摩洛哥國王哈桑二世號召綠色行軍，自此決定西撒往後命運。

三毛寫的日期與現實只差一天，考慮到訊息傳遞所需時間且西撒地處偏遠，她確實有可能在官方正式消息發布後隔了一天才得知。

三毛寫著，哈桑二世發出綠色行軍的號召之後，西班牙晚間新聞開始轉播大批摩洛哥人朝阿尤恩蜂擁而來且逐日增加：「他們如黃蜂似的傾巢而出，男女老幼跟著哈珊邁開第一步，載歌載舞，恐怖萬分的向邊界慢慢的逼來，一步一步踏踏實實的走在我們這邊看著電視的人群的心上。」這讓三毛恨得對著電視叫罵起來。而「沙漠軍團的每一個好漢都瘋了似的往邊界開去，邊界與阿雍鎮，只有四十公里的距離」。這裡的邊界應是現今的朵哈（Dora），位於阿尤恩北方，此地正是當年綠色行軍經過之處。

到了十月二十一日，西班牙政府用擴音器在街頭巷尾呼叫西班牙婦孺緊急疏散，鎮上朋友匆忙往機場飛奔，催三毛快走，西班牙員警消失無蹤，街頭空無一人，只有航空公司人滿為患，而荷西「卻日日夜夜的在磷礦公司的浮堤上幫著撤退軍火、軍團」。

十月二十二日，一面摩洛哥國旗在三毛房東罕地的屋頂平臺緩緩升起，「接著鎮上的摩洛哥旗三三兩兩的飄了出來」。隔天（十月二十三日），發現巴西裡支離破碎的身體，巴西裡弟弟奧菲魯阿與沙伊達當晚死亡。

雖然無法確認沙伊達、巴西裡與奧菲魯阿是否為真實人物，整體時間順序和描述的氛圍卻與現存相關記載和耆老訪談口述歷史相當吻合。

綠色行軍，逼使三毛離開撒哈拉的歷史事件

三毛細膩精準地呈現了當時西班牙僑民的驚恐與混亂局勢，但若改從摩洛哥觀點詮釋，這是一場收復失土的神聖行軍。

一九七五年十月十六日，摩洛哥國王哈桑二世號召三十五萬人民加入「綠色行軍」，趕走西班牙殖民者，解放撒拉威弟兄，取回國家領土。

訊息一發布，全國人民熱烈響應，報名人數遠超過三十五萬，男女老幼從摩洛哥各省紛紛湧入馬拉喀什，搭乘大卡車朝西撒前進。他們駐紮在離阿尤恩僅一百公里的塔法亞，等待國王的最後指令。

三毛形容這群如黃蜂出巢的男女老幼「載歌載舞」，是有道理的。

當時光駐紮在塔法亞營區的人數就超過五十萬，必須抽籤才能決定誰可以進入阿尤恩。這些人絕大多數都是在赤貧邊緣掙扎求生的小老百姓，若非國家支付沿途食宿所

需，根本無力進行這場難得的長途旅行，況且他們衷心將國王哈桑二世視為先知穆罕默德傳人，參加綠色行軍不僅可以望海、看沙漠，吃得又比在家裡好。再加上哈桑二世宣稱這是一場帶著神聖性質的和平行軍，以伊斯蘭最喜愛的綠色為標誌，志願者因此個個手無寸鐵，手中拿著《古蘭經》，身上揹著摩洛哥國旗，扛著哈桑二世肖像，浩浩蕩蕩前來解放撒拉威弟兄。日日高漲的民族主義火焰讓每一天都是一場歡慶，自然是一邊大唱勝利歌曲、一邊大步前進，駐紮在塔法亞時同樣歡天喜地得唱起歌、跳起舞。

三毛筆下如妖魔般可惡的摩洛哥男女老幼，不過是來自底層的貧困百姓，帶著滿滿的愛國情操，熱情真摯地呼應國王號召，對於西撒命運如何在自己腳下被扭轉，根本一無所知。

在今日的摩洛哥，綠色行軍被視為一場反殖民的巨大勝利，每年十一月六日都會舉辦盛大的慶祝活動，城鎮各角落不乏綠色行軍的壁畫。壁畫裡，只見摩洛哥國旗在隊伍裡飄揚，人們手持《古蘭經》，或步行，或搭乘大卡車，在沙漠中不畏西班牙槍彈地前進，抑或身著藍色長袍、包頭巾，騎在駱駝背上的撒拉威戰士手持摩洛哥國旗，呈現撒拉威人對摩洛哥的認同與忠誠。

不曾止息的衝突與血腥

綠色行軍事出突然，西班牙一時無法應對！

恰逢佛朗哥病危，即便撒拉威人早已表達對民族自決的渴望，西班牙政府依然背棄曾經對殖民地人民許下的承諾，十一月十四日，倉皇與摩洛哥及茅利塔尼亞簽署《馬德里協定》，放棄了西撒。

根據該協定，西撒領土北部三分之二屬於摩洛哥，南部三分之一交給茅利塔尼亞，西班牙保有布嘎礦區、沿岸捕魚特權與加納利群島，並會在一九七六年二月二十六日之前，將所有軍隊與僑民撤離西撒。

三個國家在《馬德里協定》簽訂之前，不曾徵詢撒拉威人民的意見，自然招致波陣與阿爾及利亞的聯合反對。

一九七六年二月二十六日，最後一位西班牙士兵離開西撒。

隔日，在阿爾及利亞支持下，波陣在比爾拉魯（Bir Lahlou）宣布成立「撒拉威阿拉伯民主共和國」（Sahrawi Arab Democratic Republic，簡稱ＳＡＤＲ），並將摩洛哥與茅利塔尼亞軍隊都視為占領者，發動武裝攻擊，摩洛哥也與支持波陣的阿爾及利亞部隊發生戰役。

一九七五年底至一九七六年之間，無數撒拉威人被迫離開故鄉，在波陣協助下逃往阿爾及利亞，造就了人類歷史上存在最久的難民營——廷杜夫。

歷經數場武裝衝突後，一九七九年八月五日，茅利塔尼亞與波陣終於簽署和平協定，茅利塔尼亞退出《馬德里協定》並從西撒撤軍，摩洛哥軍隊卻伺機占領西撒全境，驅趕波陣民兵。

典型綠色行軍主題壁畫。左邊是來自各省的摩洛哥人，右邊是撒拉威人，兩人手上各拿一本《古蘭經》，另一手共同握著飄揚中的摩洛哥國旗，面朝陽光，攜手共創和平燦爛未來的意涵不言而喻。

手持摩洛哥國旗，擠在大卡車上，馳騁沙漠，浩浩蕩蕩朝西撒前進的綠色行軍。

綠色行軍標誌：飄揚的紅色摩洛哥國旗與綠色《古蘭經》。

撒拉威戰士手持摩洛哥國旗，顯示對摩洛哥王國的認同與忠誠。

加納利群島與三毛。

西撒與加納利群島可說有著千絲萬縷的關聯。十八世紀後，西撒沿岸豐富的漁獲吸引加納利群島漁民前來捕魚，西班牙殖民後，兩地往來更加頻繁。

三毛在〈搭車客〉裡描述，每到月初，便有加納利群島妓女搭飛機前來做生意。〈天梯〉裡，阿尤恩監獄關著的「大部分是為了搶酒女爭風吃醋傷了人，或是喝醉酒，跟沙哈拉威人打群架的卡納利群島來的工人」。

一九七五年，局勢混亂危急中，西班牙政府進行名為「燕子計畫」（Operación Golondrina）的大撤離行動，短短幾個月內從西撒撤離了兩萬多人，以及四千噸物資、一千三百五十輛車、所有軍隊與軍事資源。對不得不撤離的西班牙人來說，那是痛徹心扉，帶不走的土地與被迫放棄的家園。

三毛和荷西真心愛著西撒，綠色行軍前夕即使情況危急，西班牙隨時可能撤離，荷西擁抱憂心忡忡的三毛，依然笑容滿面地說：「如果將來西班牙和平的跟他們解決，我們還是留下去。」*

離開阿尤恩後，三毛和荷西被迫落腳加納利群島，與阿尤恩相隔不過一百多公里海洋。

初期生活並不容易，島上雖然也有沙丘，兩人卻相當思念西撒，某次遇見一位百科全書推銷員，父母是軍人，在西撒住了快十五年，被迫撤退到陌生島嶼，「講起沙漠，三個人傷感又欣慰，好似碰見了老鄉一樣，拚命講沙漠的事和人。」荷西雖然失業，仍向他買了一套百科全書。†

由於在島上找不到工作，荷西曾經返回西撒磷礦場工作，與三毛分隔兩地，直到西撒局勢過度危險，他才放棄礦場的工作，與三毛在加納利群島真正安頓下來。

另一方面，三毛在〈哭泣的駱駝〉裡曾試圖幫沙伊達偷渡前往西班牙而未果，今日的加納利群島仍然是摩洛哥與撒哈拉以南非洲年輕人偷渡前往歐洲的首選中繼站之一，每年都有不少非洲偷渡客乘小船從摩洛哥出發，試圖抵達加納利群島，再設法前往西班牙或歐洲。

尤其近年摩洛哥與西班牙聯合打擊地中海偷渡路線，愈來愈多非法移民選擇前往加

*詳見〈哭泣的駱駝〉

†詳見〈第一套百科全書〉，收錄於《永遠的寶貝》

納利群島。命大得以上岸者，驚擾了加納利居民，甚至因人數過多而造成加納利群島的社會、治安與經濟隱憂；不幸喪命大海成為一具具海上浮屍者，不計其數。

二〇二〇年後因 COVID-19 重重打擊全球經濟，許多人生活無以為繼，年輕人在故鄉看不到希望，紛紛踏上偷渡之路，也讓非法移民人數再度往上攀升。

因國界而破碎的撒哈拉。

三毛筆下的撒哈拉，無國界。

初抵沙漠，三毛「十分希望做世界上第一個橫渡撒哈拉沙漠的女子探險家」＊，一度計畫從西撒出發，穿越大漠，直抵紅海。

〈白手成家〉提到：「結婚的蜜月，我們請了嚮導，租了吉普車，往西走，經過『馬克貝斯』進入『阿爾及利亞』，再轉回西屬撒哈拉，由『斯馬拉』斜進『茅裡塔尼亞』，直到新內加邊界，再由另外一條路上升到西屬沙漠下方的『維亞西納略』，這才回到阿尤恩來。」

短短幾句，涵蓋三、四個國家領土，提到的地名現今都可找到相對應的村落。「馬克貝斯」應是離波陣非常近的馬貝斯（Mahbes）；「斯馬拉」今日已發展成頗具規模的城市；「新內加」則是茅利塔尼亞鄰國塞內加爾（Senegal）。

＊詳見〈平沙漠漠夜帶刀〉

「維亞西納略」就是現今的達赫拉，此地於一八八四年成為西班牙殖民地後，被當時的西班牙步兵隊長博內利（Emilio Bonelli）命名為西斯內羅斯城（Villa Cisneros），以紀念文藝復興時期的歐洲神學家西斯內羅斯（Francisco Jiménez de Cisneros），Villa Cisneros 西語發音與「維亞西納略」頗為相似。

一九七九年茅利塔尼亞撤軍後，此地由摩洛哥管轄，荷西喜愛的白沙漠就在這一帶，今日已是極受歐洲遊客喜愛的觀光景點。

然而，遼闊寂靜的撒哈拉，早因區域政治而危機四伏。

一九七五年綠色行軍後，西撒受到摩洛哥的實質控制，撒拉威人並未因西班牙殖民政府的離去而得以「解放」，相反地，不少年輕人紛紛加入波陣，與摩洛哥軍隊發生激烈武裝衝突。

摩洛哥雖有相對精銳的武器與部隊，卻不敵熟悉沙漠地形且善於游擊戰的波陣民兵。為了剷除反抗勢力，摩洛哥軍隊強力鎮壓，就連荒漠裡的撒拉威帳篷都遭到戰機轟炸。流離失所的撒拉威家庭紛紛逃往阿爾及利亞的廷杜夫難民營，生活所需仰賴國際援助，目前粗估人數約有十幾萬。

一九七九年，茅利塔尼亞撤出西撒，西撒從此落入摩洛哥之手。同年二月，三毛作詞的〈橄欖樹〉發表，九月，荷西在潛水時意外身亡。

一九八〇年起，在美國、以色列與沙烏地阿拉伯支援下，摩洛哥在荒漠深處興築一道長約兩千七百二十公里的軍事牆，一九八七年完工，稱之為「沙牆」（Le mur des Sables），同時派重兵駐守。

沙牆主要建築體是石子與砂土，高約三公尺，周遭滿布鐵絲網與地雷等，是地表上最長的連續地雷帶，不時有人或動物誤觸地雷，無辜喪命。

沙牆成功牽制了波陣的行動，阻隔波陣碰觸經濟利益豐富的地區，比如海岸漁獲、荷西曾經工作的布嘎礦區，確保所有經濟利益歸於摩洛哥。圍牆以西區域為摩洛哥控制，約占西撒百分之八十土地，稱為「南方省區」。其餘百分之二十是由波陣控制的「自由地帶」，為自然條件極度嚴苛的荒漠，不宜人居。

三毛與荷西曾經造訪的馬貝斯屬於摩洛哥控制範圍內，今日僅有少數居民與幾棟建物，離沙牆極近，為軍事重鎮，地雷滿布。阿爾及利亞與廷杜夫雖然近在咫尺，但中間為波陣控制地帶，雙方無法直接往來，僅容聯合國維和部隊通行。

一九九一年一月四日，三毛過世。同年，在聯合國安理會協助下，摩洛哥和波陣宣布停火，聯合國西撒哈拉全民投票特派團（簡稱 MINURSO）進駐當地，其中包含數百名聯合國軍事人員，維和部隊的任務在於防止雙方發生武裝衝突，以維護區域和平。摩洛哥與波陣持續對峙至今，然而國際局勢對波陣愈形不利。

二〇二〇年十月，波陣在摩洛哥與茅利塔尼亞邊界的停火區蓋爾蓋拉特一帶持續示威。十一月初，雙方在馬貝斯交火，幸無人傷亡，但已破壞一九九一年以來的停火協定。十二月十日，當時的美國總統川普拋下震撼彈，承認摩洛哥對西撒的主權，大大壓縮了波陣的國際生存空間，難民營與旅歐撒拉威人抗議連連，卻無法博得國際媒體關注。

字裡行間感受得到三毛對波陣的同情，以及對西撒未來的悲觀，爾後發展不幸也被她料中，西撒主權爭議至今未能完滿解決，波陣雖然建立「撒拉威阿拉伯民主共和國」，卻「淪為阿爾及利亞的保護國」*，問題延燒至今，摩洛哥與阿爾及利亞之間的邊界不僅從一九九四年關閉，二〇二一年八月，阿爾及利亞更與摩洛哥斷交，為歐非地緣政治投下極大變數。

荷西與三毛早已先後離世，西撒歷史持續向前演進。

* * *

一九七五年，綠色行軍前夕，思及藏身沙漠的年輕游擊軍，三毛寫道：「世界上沒

＊詳見〈哭泣的駱駝〉

有第二個撒哈拉，也只有對愛它的人，它才向你呈現它的美麗和溫柔，將你的愛情，用它亙古不變的大地和天空，默默的回報著你，靜靜的承諾著對你的保證，但願你的子子孫孫，都誕生在它的懷抱裡。」

此時此刻，游擊軍後代依然受困難民營，出不了沙漠，望不見海與未來。

每個人心裡都藏著一棵遠方的橄欖樹，或流浪，或逃難，甚而偷渡，莫不渴望一個更好的他方，是而啟程。

古老項鍊裡的祕密。

總有人質疑，三毛與荷西是否真如三毛描述那般如膠似漆？抑或一切只是三毛的浪漫想像？

三毛曾說：「當初堅持要去撒哈拉沙漠的人是我，而不是荷西。後來長期留了下來，又是為了荷西，不是為了我。」＊

我想只有在沙漠生活過的貧賤夫妻，才能明白三毛為了荷西而選擇留在西撒，心裡有著多麼強烈的愛，以及一個男人願意為了一個女人前往西撒工作，心裡對她懷抱著多麼大的愛。

三毛不曾掩飾沙漠生活的辛苦與婚姻裡的寂寞，相反地，她鉅細靡遺描述了沙漠生活的重重艱難，諸如高溫、酷熱、蒼蠅多、時常斷電以及淡水供應不足等，如〈白手成家〉：「撒哈拉沙漠是這麼的美麗，而這兒的生活卻是要付出無比的毅力來使自己適應

＊詳見〈白手成家〉

下去啊！我沒有厭沙漠，我只是在習慣它的過程裡受到了小小的挫折。」以及剛結婚時，荷西為了多賺點錢，很少在家，三毛如何忍著寂寞，甚至哭著希望他不要上班。

質疑者忽略了一個簡單的事實：三毛不是被迫留在撒哈拉，而是為了一生摯愛，選擇留在撒哈拉。那是她的自主決定，唯一的動機，只會是愛。

二〇二〇年十月初，我在離阿尤恩將近五百公里的海城伊夫尼傳統舊市集裡，偶然發現了一條柏柏爾百年古董項鍊，當下只覺眼熟，不多想地帶了回來。

十月十六日，哈桑二世號召綠色行軍四十五周年紀念日，我收到《皇冠雜誌》三毛特輯的邀稿，為此而振筆疾書時，細細看著三毛生前照片，赫然發現剛買下的墜子形式與三毛最愛的那條項鍊相同！

《永遠的寶貝》一書裡，〈心愛的〉與〈第一條項鍊〉說的是同一條項鍊，在三毛生前數張正式拍攝的相片裡，亦可發現她配戴這條項鍊入鏡。

一九七三年，三毛知道要結婚了，極想擁有一條沙漠女人的「布各德特」，卻是遍尋不著。直到婚禮當天正午，屋外「天地玄黃的熱沙霧裡」，佇立著一位「蒙了全身黑布頭的女人」，賣了一條「布各德特」給她，也成了三毛結婚時頸上唯一的飾物。在她與荷西辦理結婚登記的照片裡，同樣能發現她脖子上確實戴著這條項鍊。

沙漠女人賣給三毛的只有中間那塊銀墜子，項鍊裡的鋼片是荷西用腳踏車零件做的，兩顆琉璃珠則是荷西去沙漠小店配來的。

這條項鍊是三毛最心愛的首飾，「一直帶著它天涯海角的走」，「我將這條項鍊當成了生命中的一部分，尤其在先生過世之後，幾乎每天掛著它」，直到有天遇見一位會通靈的異人石朝霖教授，問她：「這串項鍊裡面，鎖進了太多的眼淚，裡面凝聚著一個愛情故事，對不對？」＊並要三毛別再戴了。

這種傳統墜飾其實是「南十字星座」，撒拉威與柏柏爾人稱之為Boghdad，即三毛文中的「布各德特」。

南十字星座項鍊普遍存在於撒哈拉部落，從茅利塔尼亞、摩洛哥、阿爾及利亞到尼日的傳統首飾中，都可見到南十字星符號的不同演繹。阿爾及利亞與尼日的圖瓦雷格人尤其愛用，南十字星符號更為常見。

撒哈拉部落的南十字星座墜飾起源不詳，有各種美麗的傳說。有個圖瓦雷格故事說這是一位遊牧戰士向心愛女子示愛的禮物，所以是愛情甜美幸福的祝福，也有人說這是能夠招引財富的圖騰。

我個人比較接受摩洛哥南部沙漠柏柏爾族的普遍說法：傳統生活在撒哈拉的遊牧民

＊詳見〈第一條項鍊〉，收錄於《永遠的寶貝》

布各德特墜飾。

族以星象指引方向，南十字星座是當年遊牧民族在夜裡辨識方向的憑藉。

法國民族學家則蒐集到一則美麗的圖瓦雷格傳說：早年，圖瓦雷格人會在兒子成年、結婚或即將獨立遊牧時，贈與南十字星項鍊，並告訴他：「我不知道你將死在何方，所以給了你這世界的四個方向。」

至於三毛項鍊上的珠子，應該是「非洲貿易珠」（Africa Trade Beads）。

非洲人一直有使用珠珠的習慣，早先以自然材質製作，十五世紀之後，隨著海上貿易愈形興盛，約莫在一四八〇年，來自捷克、義大利威尼斯與荷蘭波希米亞的玻璃珠傳入了非洲。

十六至十九世紀的殖民擴張期間，這些歐洲製造的玻璃珠被當成了貨幣，用來與非洲部落進行商業貿易，購買黃金、象牙，甚至是奴隸。非洲人非常喜歡這些來自歐洲的精美珠子，尤其喜愛威尼斯的手工玻璃珠。長達三個多世紀的「大西洋奴隸貿易」期間，成噸的玻璃珠壓在船艙底，從歐洲各大港運往非洲海岸，以物易物，再將奴隸運上船，穿越大西洋，送到美洲。

與非洲往來的交易量之巨大，造成了極高的玻璃珠需求量，後來這些珠珠甚至是專門製造用來和非洲進行貿易，因此有了「非洲貿易珠」此一專門詞彙。

非洲貿易珠，純手工製，技術已傳入非洲，現今以迦納生產的最知名。

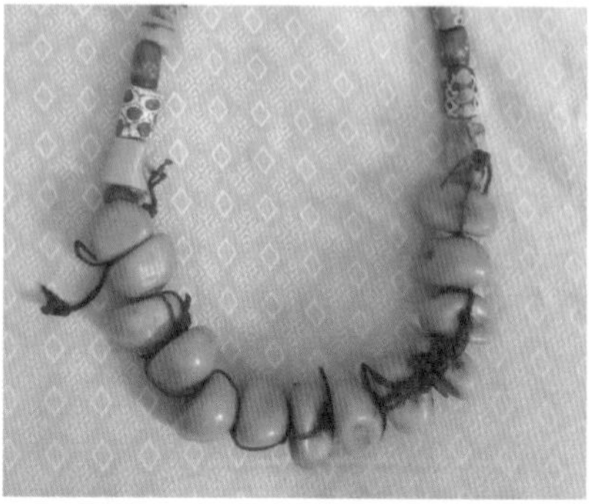

由非洲貿易珠串成的柏柏爾古董項鍊。

伊夫尼一帶柏柏爾山村手工飾品，中間為獸骨，兩側綴飾是皮風箱，正紅與正綠為摩洛哥國旗配色，中央六片花瓣呼應大衛星，再以非洲貿易珠點綴。現今的北非飾品依然保有非洲貿易珠的使用方式與傳統風格。

柏柏爾古董項鍊，中間的圓筒型金屬綴飾為中空，用來放置植物性薰香，類似香囊，兩旁綴以非洲貿易珠。

樣式方面，三毛身上配戴的「布各德特」是女性樣式，極為傳統，男性樣式略有不同。

正如三毛所說，撒哈拉傳統裡，這種項鍊往往是在家族女性裡代代相傳。貝桑媽媽身上就有一個，傳自貝桑外婆，年代相當久遠，應有百年以上歷史。早期「布各德特」為純手工打造，以尼日撒哈拉沙漠圖瓦雷格族的工匠手藝最佳，女性佩戴在身上，死後傳給女兒，盛載著家族女性的集體記憶與共同生命經驗，不轉賣給外人。

三毛將「布各德特」銀墜子與沙漠小店琉璃珠搭配的佩戴方式，相當在地。柏柏爾族女性尤其喜歡非洲貿易珠，習慣將主要墜飾置於項鍊中央，兩端配上珠珠，或數顆，或成串。

* * *

解開了這個藏在項鍊裡的祕密，讓我極度震驚。

啊，三毛肯定是極度思念荷西的吧，心裡這份「確信」竟讓我哀痛欲絕！

荷西暱稱三毛是「我的撒哈拉之心」，他離開後，三毛彷彿將眼淚鎖進這條項鍊，戴在胸口，緊緊貼著熱呼呼的心。

忽地想起三毛曾在受訪時說：「雖然我住在沙漠裡，可是因為荷西在身邊，我覺得這裡繁花似錦。」腦中浮現出浪花層層撲打岩岸的蔚藍大海，米色沙灘上，海與河交會，火鶴在浪花間低頭覓食的畫面，不自禁地熱淚盈眶。我想，我終於懂了〈今生〉的歌詞「花又開了，花開成海，海又昇起，讓水淹沒」說的是什麼。

三毛曾說：「每想你一次，天上便飄落一粒沙，從此形成了撒哈拉；每想你一次，天上就掉下一滴水，於是形成了太平洋。」

望著大西洋蔚藍海岸，在水一方，便是三毛與荷西曾居住的加納利群島，是荷西長眠之地，是非洲偷渡客渴望的「黃金國」（西語 El Dorado）。在我背後，是廣袤無垠的撒哈拉荒漠，再更遠方，是地雷與軍事防禦牆，而在荒漠裡的高牆之後，是波陣民兵與撒拉威難民營。

荷西過世後，不消幾年，三毛回到為太平洋環繞的臺灣。從我眼前的大西洋固然可以航向太平洋，但人類雖將海洋切割並命名，事實上，我們只有一座海洋。

向來不愛臆測他人想法的我，仍不自禁地想著，即便三毛以生動文字描寫撒哈拉且深受讀者歡迎，然而，撒哈拉的瑰麗壯闊遠非生長在島嶼的人所能理解，只能用已知來想像未知，回到臺灣的三毛，是否曾經感到寂寞？

＊詳見《我的寫作生活》

「我的寫作生活，就是我的愛情生活；我的人生觀，就是我的愛情觀。」*她曾經這樣說過。

日日真實在撒哈拉生活的我，再讀三毛文字，只覺是她的性格與文采將撒哈拉生活寫得多采多姿，風趣迷人，那是她所見所感所知的撒哈拉，真真實實是她的個人生活，而她心中對人、對沙漠、對荷西是有愛的，那是戀愛中女子的文字，是而浪漫動人。

＊　＊　＊

三毛真摯熱愛著生活在這片大漠裡的撒拉威人，她以文字描述，以攝影機拍攝，細細的近距離觀察，同時也在互動中觀照並反省自身。

〈收魂記〉裡，三毛第一次跟著送水車到沙漠旅行，「除了一個背包和帳篷之外，我雙手空空，沒有法子拿出遊牧民族期待著的東西，相對的，我也得不到什麼友情」，有了這經驗，爾後前往沙漠，她總帶上小藥箱、美麗的玻璃珠串、廉價戒指、發光的鑰匙、耐用的魚線、白糖、奶粉和糖果等。

三毛曾一度有了「用物質來換取友誼的羞恥心理」，但她希望藉由禮物，讓他們看見自己對他們的愛，進而「接納我這個如同外星人似的異族的女子」。

以物質甚至金錢來釋出善意，換取與當地人交流的機會，這是許多到貧窮國家旅行者的共同經驗，多得是樂在享受施捨的優越感裡，甚至美其名為「公益旅行」，少有如三毛這般自省者。

相信未來我又將迎接因三毛而嚮往撒哈拉的臺灣遊客，若再度聽到「現代三毛」一詞，這將是我的回應：這世界上從來沒有「古代三毛」、「現代三毛」或「後現代三毛」，自始至終，三毛從來只有一個，就在文字裡，因應每個讀者閱讀方式與內在狀態，幻化出不同的三毛身影。文字一直都在，只要讀者還在，三毛就是在那裡，好好地。

撒哈拉我的愛

三毛曾說沙漠是她「前世的鄉愁」，〈沙漠〉一曲收有她的生前錄音：「後來，我有一度變成了一個不相信愛情的女人。於是我走了，走到沙漠裡頭去，也不是去找愛情。我想，大概是去尋找一種前世的鄉愁吧……」

我不是三毛迷，不為「三毛的撒哈拉」而前來，更不知何謂「前世的鄉愁」，推促我偶然走入這塊荒漠的，是我自身的生命困頓，即便身邊人群圍繞，依然活在前不著村、後不著店的孤苦伶仃感裡。

結束多年留法歲月，我選擇回故鄉以全部生命與熱情擁抱我所愛的舞蹈，無奈現實的教舞市場回報我以冷漠訕笑。

終於，我知道自己必須「告別」，前往一個沒有人認識我的地方，當一個沒有名字的人，或許已然支離破碎的那個「適任」，可以一點一滴地「長」回來。

那天，我回西螺老家，告知父母決定前往摩洛哥工作。我媽問我，摩洛哥在哪裡？我說在非洲，我媽問，為什麼要去非洲？我淡然地說：「因為我在臺灣走投無路。」

後來聽說，我媽那晚失眠了。

二〇一一年，我服務於摩洛哥人權組織，在我要求下，上司給了我一個隻身前往撒哈拉探尋遊牧文化的機會，我因而走進沙漠，流連忘返。

一見到連綿無盡的沙丘群，便讓我生平第一次感受到「大地之母的寬懷溫柔」，什麼都不用說，人只需靜靜站在那兒就夠，撒哈拉理解一切，承接所有。

夕陽餘暉灑出金色沙丘，我默默遠離嬉鬧的觀光客，走入寂靜，聆聽沙漠靜謐裡的聲音，獨自爬上高大沙丘，才知撒哈拉如此美麗！

廣袤沙丘群如大海波濤洶湧，連綿不絕直到世界盡頭，瑰麗，沉靜，美得不可思議！我淚水直落，撒哈拉什麼都不說，逕自以無比的溫柔寬厚，承接所有悲傷、無奈、苦澀與孤寂的淚。所有淚水一落到沙丘，隨即為細沙如數吸收，一滴悲傷都不留。

象牙海岸作家 Ahmadou Kourouma 曾說：「唯有沙漠能夠治癒絕望——人們可以在那兒哭泣而且不用怕河流因而潰堤。」我想，他一定曾經造訪撒哈拉。

我在心裡問撒哈拉：「為什麼祢讓我出生在島嶼臺灣，在法國念了那麼久的書，回故鄉實踐理想卻飽受挫折，日日不得不與各種人類近身肉搏，夢想希望逐一化作地獄烈焰，這才終於回到祢懷裡？」

耳邊一個聲音說著：「其實妳從來沒有離開。」

那一刻，撒哈拉彷彿將我的能量從內底換過，回首望向來時路，我這才有力氣面對曾讓我扛不起的生命與過往。這些年在沙漠，向來是來自土地的力量支撐著我去走腳下每一步，而不是愛情。

無盡沙海告訴我，所謂的「路」，是前人走過的痕跡亦或此時的人所依循的軌道，然而在撒哈拉，「路」，在哪裡？放眼望去，沙丘一座又一座，起伏洶湧，無盡浩瀚，無處不可去，地表無任何物件可做為標識，無論走到哪兒，全在撒哈拉懷裡，我從來只見大地的溫柔與寬厚，生命的豐沛、細緻與無比堅韌的力量。

在這連綿無盡沙丘，只要有水，便有生命，與隨之而來的一切。寂靜沉默中，滿滿不可說。沙丘看似無路，卻無處不是路，所有障礙物皆被移除，因行走沙漠本身已是最大也是唯一的挑戰，上哪兒去又是走哪一條路，早已無關緊要，只問走或不。

蔡適任

原文對照

人名

切布・瑪密　Cheb Mami
巴希爾　Mohammed Bassiri
卡羅爾　Lewis Carroll
布歇　Joseph-Felix Bouchor
伊里巴內　Manuel Fraga Iribarne
伊里斯一世　Driss I
艾布法吉拉尼　Abu'l-Fath Gilani
艾瓦利　El-Ouali Moustapha Sayed
艾米娜公主　Lalla Amina
艾拉・阿法西　Allal al-Fassi
西斯內羅斯　Francisco Jiménez de Cisneros
貝茜・庫珀　Bessie Dean Cooper
阿古瓦　Akua
阿瑪杜・古如瑪　Ahmadou Kourouma
阿盧斯坦特　Alonso Allustante
哈桑二世　Hassan II
莫羅　Max Moreau
傑洛姆　Jean-Léon Gérôme
博內利　Emilio Bonelli
普利多　Antonio de Oro Pulido
琪內博公主　Lalla Zineb
菲菲・阿布杜　Fifi Abdo
萊奧泰　Hubert Lyautey
聖－修伯里　Antoine de Saint-Exupery
穆萊・伊斯邁　Moulay Ismaïl
穆罕默德五世　Mohammed V
穆罕默德六世　Mohammed VI
諾姆・杭斯基　Noam Chomsky
諾拉・撒拉威　Nora Sahraoui
薩伊德　Edward Wadie Said
蘇・馬琴　Sue Machin

當地詞彙

土耳其浴　hammam
女眷住處，常稱為後宮　harem
山楝（穆斯林苦行僧及長老）　Santon
不潔、不清真　harām
切羅（護身符）　Tcherot
手鼓　bindir
扎維亞（小型宗教聖所）　zaouïa
卡斯巴（土夯古堡）　kasbah
卡爾卡爾（腳環）　Khal-khal（Khel khal）
古墓　Tumulus
史坦貝（燈籠褲）　stembel
尼拉（高級手染布）　nila
布各德特（南十字星項鍊）　boghdad
甘杜拉（男性服飾）　gandoura
皮風箱、鼓風器　rabouz
吉拉巴（男性服飾）　djilaba
羊皮水袋　guerba
羊皮陶罐鼓　Tam Tam
艾雷布納（男性服飾達哈左側口袋）　ellebna
克沙（男性服飾）　kchat
克撒爾（土夯村寨）　ksar
利坦（頭巾）　litham
沙漠玫瑰　Desert Rose
邦戈鼓　bongo
里亞德（富豪宅院）　riad
妹格哈斯（編織專用鐵梳）　medghas
拉賈布（護身符）　larjab
金貝鼓　djembe
阿古瓦巴（求孕木娃娃）　Akua Ba

阿古瓦瑪（求孕木娃娃）　Akua Mma
阿拉的祝福　baraka
咯利咯利（護身符）　Grigri
紀夫（混合菸草）　kif
格納瓦（黑奴音樂）　gnaoua
格德拉（當地舞蹈）　guedra
特貝爾大鼓　tbel
麥地那（舊城區）　medina
媚荷法　melhfa
黑那（指甲花彩繪）　henna
黑肥皂　le savon noir（le savon Beldi）
圓頂建築　Leqbibat
塔比亞（彩繪的精緻蹬羚皮革）　Tabia
塔哈扎（黃藍紅三色流蘇的大帽子）
tarazza
塔蘇法（彩繪的精緻蹬羚皮革）　Tassoufra
達哈（男性服飾）　darâa
嘎蓋叭（樂器）　qraqeb
瑪哈博（傳統靈療者）　marabout
精靈　djinns
蜜禪　mizam
潔、清真　halāl
賣水者　guerrabas
穆拉那（神）　mounala
賽布希（菸管）　sebsi

地名、機構與組織、文獻與其他

CEPSA設施　instalaciones de CEPSA
PT機構中心　Centro institución PT
大加納利島　Gran Canaria
巴福爾人　Bafours
扎戈拉　Zagora
比爾拉魯　Bir Lahlou
《火炬》　*Chamaa*
外籍軍團　Tercio de Extranjeros
市政府　ayuntamiento
布吉杜爾　Boujdour
布嘎　Boucraa
《生態生活》　*La Vie Eco*
白角　Cabo Blanco
石屋區　Casas de Piedra
伊夫尼　Sidi Ifni
伊本薩烏德大道　Boulevard Ibn Sa Oud
伊爾富德　Erfoud
休達　Ceuta
朱比角　Cape Juby
朵哈　Dora
艾本哈杜　Ait Ben Haddou
西班牙軍團　Legión Española
西班牙廣場　Plaza de España
西班牙觀光旅館　Paradores de Turismo de
España
西斯內羅斯城　Villa Cisneros
帕拉多爾旅館　Hotel Parador
努瓦迪布角　Ras Nouadhibou
廷杜夫　Tindouf
沙丘電影院　cine las Dunas
沙漠之旅　DESERTOURS
沙漠玫瑰盃　le Trophée Roses des Sables
沙牆　Le mur des Sables
貝尼・瑪瑪爾　Beni Mammar
貝查爾　Béchar
里薩尼　Rissani
坦吉爾　Tanger
坦坦　Tantan
拉巴特　Rabat
拉吉瓦　Laghchiwat
拉斯帕爾馬斯　Las Palmas
拉臘什　Larache
波利薩里奧陣線　Frente Polisario
芬艾魏　Foum el Oued
金合歡　Acacia raddiana
阿尤恩　Laâyoune
阿坎族　Akans
阿散蒂族　Ashanti
非洲貿易珠　Africa Trade Beads
勃哈多灣　Cabo Bojador
哈拉廷人　Haratin
哈桑尼亞語　hassaniya
政府車庫　Cocheras del Gobierno

科洛米納斯　Colominas
約夫梅哈　Jorf el Melha
美國客棧　Le fondouk américain
英國皇家芭蕾舞團　The Royal Ballet
軍官娛樂場　casino de Oficiales
原住民警察　Policía Indígena
埃爾馬薩　El Marsa
恐懼之角　Cabo do Medo
格雷多山脈　Sierra de Gredos
桑海傑人　sanhadja
海杜斯　ahidous
海軍大道　Boulevard de la Marine
烏達亞　Udayas
馬貝斯　Mahbes
馬拉喀什　Marrakech
國家旅館　Parador Nacional
國際自然保護聯盟瀕危物種紅色名錄　IUCN
梅如卡　Merzouga
梅克內斯　Meknes
梅利利亞　Melilla
梅楚瓦廣場　Place du Méchouar
第三軍團奧地利的唐璜　le Tercio Don Juan de Austria 3e de la Légion
喀塔瑪　Ketama
富埃特文圖拉島　Fuerteventura
斯馬拉　Smara
遊牧部隊團（簡稱ＡＴＮ）　La Agrupación de Tropas Nómadas
無葉檉柳　Tamarix aphylla
菲斯　Fes
溫拿斯　Oumnass
塔西利　Tassili
塔法亞　Tarfaya
塞努福　Senufo
塞拉　Salé
賈吉爾騾驢保護區　Jarjeer Mule and Donkey Refuge
達爾賈邁博物館　Le Musée Dar Jamaï
達赫拉　Dakhla
福斯布嘎　Fos Bucraa
蓋爾敏　Guelmin
蓋爾蓋拉特　Guerguerat
赫尼菲斯國家公園　le parc national de Khnifiss
德吉瑪廣場　Jemaa el-Fnaa
德希拉　Dchera / Edchera
德拉　Draa
德爾菲　Delphes
摩洛哥兒童保護聯盟　La ligue Marocaine pour La Protection de l'Enfance
摩洛哥國家解放軍（簡稱ＡＬＮ）　Armée de libération nationale
《摩洛哥烹飪》　*La cuisine marocaine*
撒拉威人　Sahraoui
撒拉威阿拉伯民主共和國　Sahrawi Arab Democratic Republic
撒哈拉領土警察　Policía Territorial del Sahara
撒哈拉總督府　Gobierno General del Sahara
駕駛及車輛相關的機構　automovilismo
魅賽也　Messayé
燕子計畫　Operación Golondrina
穆哈米德　Mhamid
穆萊・伊里斯・澤爾霍恩　Moulay Driss Zerhoun
蕭安　Chefchaouen
謝里夫磷酸鹽辦事處（簡稱ＯＣＰ）　Office chérifien des phosphates
薩基亞・阿姆拉　Sakia El Hamra
薩基亞阿姆拉和里奧德奧羅人民解放陣線　Frente Popular de Liberación de Saguía el Hamra y Río de Oro
薩基亞阿姆拉和里奧德奧羅解放運動　Harakat at-tahrir Saqiat al-hamra wa wadi-addahab
鹽膚木屬灌木　Rhus Triaprtium
觀光旅館　Parador de Turismo

摩洛哥地圖

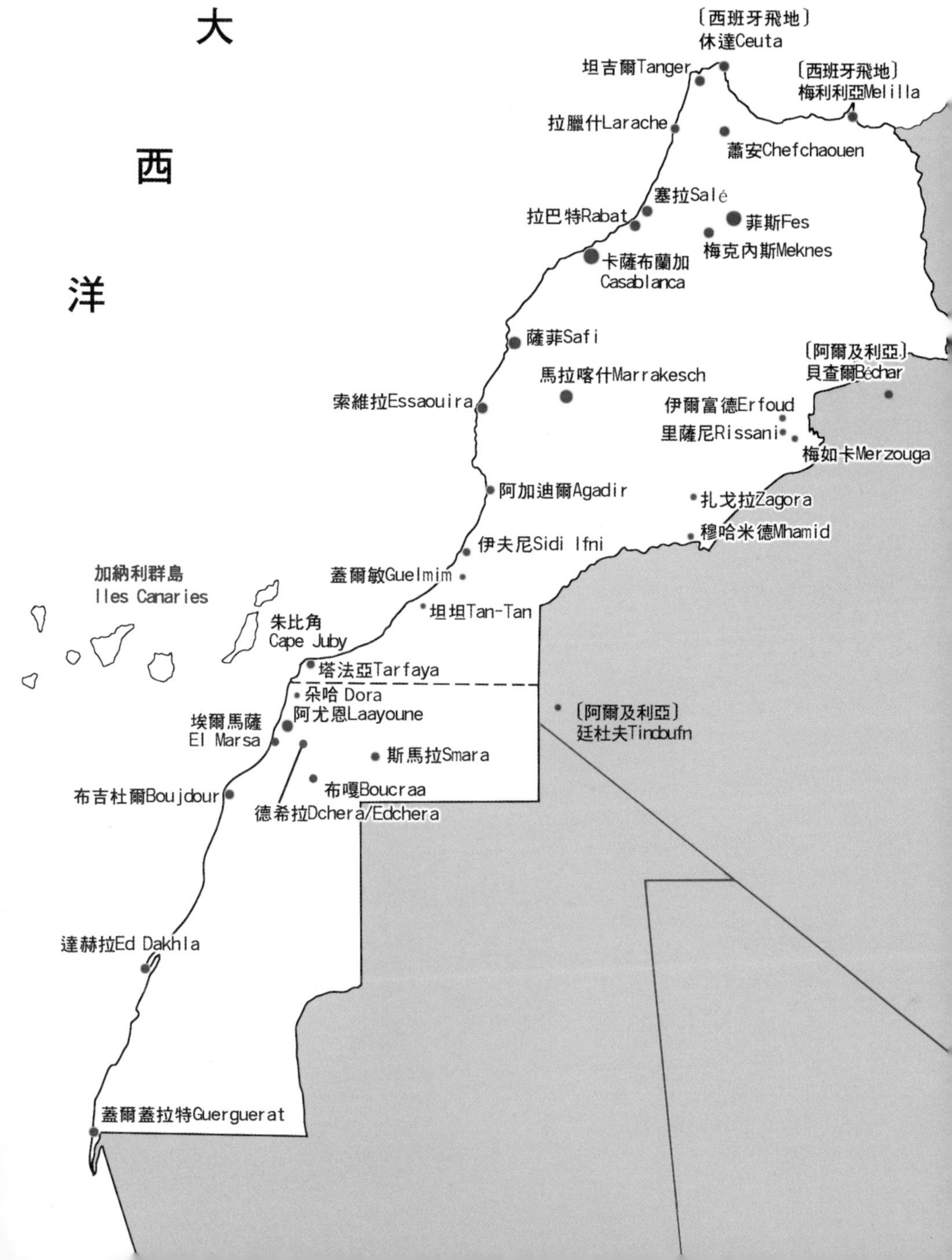
大
西
洋
〔西班牙飛地〕
休達Ceuta
坦吉爾Tanger
〔西班牙飛地〕
梅利利亞Melilla
拉臘什Larache
蕭安Chefchaouen
塞拉Salé
拉巴特Rabat
菲斯Fes
梅克內斯Meknes
卡薩布蘭加
Casablanca
薩菲Safi
〔阿爾及利亞〕
貝查爾Béchar
馬拉喀什Marrakesch
索維拉Essaouira
伊爾富德Erfoud
里薩尼Rissani
梅如卡Merzouga
阿加迪爾Agadir
扎戈拉Zagora
穆哈米德Mhamid
伊夫尼Sidi Ifni
加納利群島
Iles Canaries
蓋爾敏Guelmim
坦坦Tan-Tan
朱比角
Cape Juby
塔法亞Tarfaya
朵哈 Dora
阿尤恩Laayoune
埃爾馬薩
El Marsa
〔阿爾及利亞〕
廷杜夫Tindoufn
斯馬拉Smara
布嘎Boucraa
布吉杜爾Boujdour
德希拉Dchera/Edchera
達赫拉Ed Dakhla
蓋爾蓋拉特Guerguerat

ACROSS 055

沙漠化為一口井：我所知的三毛的撒哈拉

作者——蔡適任
攝影——蔡適任
圖片提供——張逸帆（封面、24、25、26、30、42、47、174、346、封底），林子卿（104），Lindy Lee（211）
責任編輯——陳詠瑜
校對——聞若婷
行銷企畫——林欣梅
封面設計——FE工作室
內頁設計——張靜怡
地圖繪製——久久童畫工作室

編輯總監——蘇清霖
董事長——趙政岷
出版者——時報文化出版企業股份有限公司
一〇八〇一九臺北市和平西路三段二四〇號三樓
發行專線——（〇二）二三〇六—六八四二
讀者服務專線——〇八〇〇—二三一—七〇五
（〇二）二三〇四—七一〇三
讀者服務傳真——（〇二）二三〇四—六八五八
郵撥——一九三四四七二四時報文化出版公司
信箱——一〇八九九臺北華江橋郵局第九九信箱
時報悅讀網——http://www.readingtimes.com.tw
電子郵件信箱——newstudy@readingtimes.com.tw
時報出版愛讀者粉絲團——https://www.facebook.com/readingtimes.2
法律顧問——理律法律事務所　陳長文律師、李念祖律師
印刷——金漾印刷有限公司
初版一刷——二〇二一年十月一日
初版三刷——二〇二四年三月二十七日
定價——新臺幣五〇〇元

時報文化出版公司成立於一九七五年，
一九九九年股票上櫃公開發行，二〇〇八年脫離中時集團非屬旺中，
以「尊重智慧與創意的文化事業」為信念。

沙漠化為一口井：我所知的三毛的撒哈拉／蔡適任著 . -- 初版 . -- 臺北市：時報文化出版企業股份有限公司, 2021.10
352 面；14.8×21 公分 . --（Across；55）
ISBN 978-957-13-9346-9（平裝）

1. 人文地理　2. 西非　3. 撒哈拉沙漠

767.685　　110013443

ISBN 978-957-13-9346-9
Printed in Taiwan